FRIGGITRICE AD ARIA

Oltre 200 ricette sane e gustose per cuocere,
friggere e grigliare velocemente con la tua friggitrice ad aria.
Inclusi consigli e tecniche per il suo perfetto utilizzo.

ELEONORA RUSSO

MANZO, MAIALE E AGNELLO

PESCE

CONTORNI

SFIZIOSITA' 85

DOLCI

Friggitrice ad aria: che cos'è?

Cosa è la friggitrice ad aria? È un elettrodomestico che ha tipicamente una forma ad ovetto, più o meno squadrato, con un cestello estraibile sul quale si posizionano le pietanze da cuocere. Utilizza il concetto di cottura ad aria ad alte temperature che arrivano fino a 200° permettendo una **"frittura-non-frittura"** molto salutare di cibi freschi e surgelati. Abbandonate, quindi, l'idea di una frittura in cui le pietanze si immergono in abbondante olio, perché **la quantità di olio usata nella friggitrice ad aria è di qualche cucchiaino o qualche "puff" da nebulizzatore.** La vera frittura in abbondante olio bollente è tanto buona quanto "pericolosa" soprattutto se ne si abusa oppure non si adottano le dovute attenzioni. Nella friggitrice ad aria l'olio **non raggiunge mai il punto di fumo** e, pertanto, non risulta tossico come potrebbe esserlo quello usato per la frittura.

L'**aria calda**, che arriva a temperature elevate, **circola nella camera della friggitrice ad aria** consentendo alle pietanze di essere cotte in maniera uniforme sia esternamente che internamente. In questo modo potrete **cuocere carne, pesce, verdure e mille altre pietanze in pochissimi minuti: insomma potrete realizzare tantissime ricette con la friggitrice ad aria.** La carne cotta in friggitrice ad aria risulta succosa, tenerissima e morbida, i grassi in eccesso colano sul fondo e non restano all'interno della carne donando un sapore eccezionale.

Come funziona la friggitrice ad aria?

La friggitrice ad aria è molto di più e oltre che per il suo scopo principale (la cottura ad aria di alimenti per un fritto leggero e salutare) è anche un elettrodomestico che fa da forno per la gratinatura di tantissime ricette (primi piatti come lasagne, riso, pasta), per la cottura di parmigiane, lasagne, per la cottura di dolci e torte di ogni tipo, di torte salate, di muffin, focacce, pizze.

Permette, quindi, di arrostire, grigliare, friggere, gratinare e cuocere come in forno ma in molto meno tempo! E' proprio dimostrato che nei modelli più performanti la friggitrice ad aria elimina il grasso in eccesso, anche fino al 50%, senza però alterare il gusto del cibo, dando la giusta croccantezza tipica dei fritti.

Quale friggitrice ad aria scegliere?

La potenza: deve essere almeno di 1500W ma se arriva ai 1800W o 2000W è ancora meglio. In questo modo, il consumo di potenza non è proprio bassissimo ma se pensate che le stesse pietanze le dovreste cuocere in forno (che consuma allo stesso modo ma cuoce nel doppio del tempo e che va preriscaldato) o su un piano ad induzione (per al cottura in padella) o su una piastra elettrica (per grigliare carne, pesce e verdure), vi renderete subito conto del risparmio non solo in termini economici ma anche in termini salutari: meno grassi e meno fritto.

La capienza: ne esistono di diverse dimensioni, più che estetiche ma di capacità del cestello. Le fasce di capienza sono tipicamente

- fino a 2 persone (formato da 800 g o 2,5 l)

- fino a 3 persone (formato da 1,2 kg o 3,5 l)

- per 4 o più persone (formato da 1,4 Kg o 5,5 l)

Nella friggitrice ad aria possono essere utilizzati tutti gli **stampi** che tipicamente usate per la cottura in forno ma accertatevi sempre della qualità e che siano adatti per la cottura in forno ad alte temperature.

Le dimensioni: accertatevi dello spazio che avete a disposizione perché non è proprio piccina soprattutto avendo il cestello estraibile che dovrebbe appoggiare sul piano. Ricordate anche che emette aria calda per cui sul retro è preferibile non vi siano piani delicati come vetri, legno o simili.

Quali sono i pro

- Possibilità di realizzare fritti con **meno grassi**, più leggeri e salutari
- Possibilità di consumare fritti saltuariamente anche per **chi ha problemi colesterolo**
- Non raggiungendo il punto di fumo, l'olio non rischia di diventare tossico.
- **Meno sporco** e niente cattivi odori
- Maggiore igiene
- Pulizia della macchina semplice e rapida
- Cottura senza rischi di incidenti domestici
- **Risparmio** nelle quantità di olio utilizzate

Quali sono i contro

- Prezzo iniziale da sostenere (da circa 200 euro in su)
- Spazio adatto in cucina

RICETTARIO

POLLO E TACCHINO

COSCE DI POLLO

- Preparazione:**5 Minuti**
- Cottura: **12 Minuti**
- Difficoltà: **Molto facile**
- Porzioni: **2 Persone**

INGREDIENTI
- 4 Cosce di pollo
- 1 cucchiaino Olio di oliva
- q.b. Erbe aromatiche
- 1 rametto Rosmarino
- q.b. Sale fino

PREPARAZIONE

Eliminate la pelle dal pollo e adagiate le coscette in un tegame. Spruzzatele con 2-3 puff di olio di oliva o spennellatele con un pennello se non avete il nebulizzatore.

Per questa ricetta servirà davvero meno di un cucchiaino di olio di oliva per porzione.

Quindi, insaporitele con sale fino, mix di spezie ed aghetti di rosmarino.

Massaggiatele bene con le mani in modo che aderisca completamente e si insaporiscano.

COTTURA COSCE DI POLLO IN FRIGGITRICE AD ARIA

Mettete sul fondo della friggitrice ad aria un bicchiere di acqua (poco più o poco meno a seconda della quantità di pollo che volete cuocere).

Questo servirà ad evitare che cadendo delle gocce di grasso sul fondo brucino ed emanino fumo. Quindi, adagiate le cosce di pollo direttamente sul cestello senza carta forno né stampi. Azionate la friggitrice ad aria a 200° e giratele dopo circa 5 minuti. Proseguite la cottura per altri 6-7 minuti.

NUGGEST DI POLLO AI CORN FLAKES

- Preparazione: **15 Minuti**
- Cottura: **9 Minuti**
- Difficoltà: **Media**
- Porzioni: **5 Persone**

INGREDIENTI
- 500 gr Petto di pollo
- Farina per infarinare
- sale
- 80 gr di corn flakes senza zucchero
- 1-2 uova

PREPARAZIONE

Pulite il pollo eliminando con un coltello affilato l'osso a forma di "Y" posto nella parte alta del petto.

Separate le due parti incidendo centralmente ed eliminando la cartilagine bianca di forma allungata. Iniziate a tagliare il pollo a pezzi non troppo piccoli e non troppo grandi

Tagliate tutto il pollo a pezzi e salatelo. Nel frattempo sbriciolate i corn flakes.

Sbattete l'uovo con il sale in una ciotolina. Iniziate infarinando bene i pezzi di pollo

Passate quindi i pezzi di pollo infarinato nell'uovo sbattuto. Scolateli e passateli bene nei corn flakes sbriciolati Fate aderire bene i corn flakes su ogni lato quindi poggiate i pezzi di pollo panati sul tagliere.

COTTURA NUGGEST DI POLLO IN FRIGGITRICE AD ARIA

Mettete i nuggets di pollo nel cestello della friggitrice ad aria senza sovrapporli e cuocete a 180° per circa 9 minuti

FUSI DI POLLO

- Difficoltà **Molto facile**
- Preparazione **5 Minuti**
- Cottura **30 Minuti**
- Porzioni **8 fusi di pollo**

INGREDIENTI

- 8 fusi di pollo
- Q.b. pepe verde in grani
- Q.b. di rosmarino
- Q.b. di salvia
- Q.b. sale fino

PREPARAZIONE

In una ciotola, mescolare le varie spezie, il pepe verde macinato al momento, rosmarino, salvia essiccata e sale fino, ma potete usare le spezie che preferite.

Massaggiare i fusi di pollo con le varie spezie, se riuscite anche sotto la pelle e posizionarli nel cestello forato della vostra friggitrice ad aria.

COTTURA IN FRIGGITRICE AD ARIA

Cuocere con il programma pollo a 180° per 20 minuti. Passati i 20 minuti, continuare la cottura, impostando manualmente 200° per 5 minuti, poi girare i fusi e impostare 200° per altri 5 minuti.

BOCCONCINI DI POLLO

- Difficoltà **Molto facile**
- Tempo di preparazione **30 Minuti**
- Tempo di cottura **15 Minuti**
- Porzioni **3 persone**

INGREDIENTI

- 1 petto di pollo intero
- 1 cucchiaio di olio di oliva
- 50 g farina di mais
- 50 g di pangrattato
- 1 uovo
- 2 cucchiai di latte
- Sale e pepe q.b.

PREPARAZIONE

Tagliare il petto di pollo a cubetti; in una ciotola sbattere l'uovo, unire 2 cucchiai di latte al petto di pollo, amalgamare il tutto e lasciarlo riposare una mezz'ora in frigorifero. In un piatto mettere la farina di mais insieme al pangrattato e mescolarli tra loro poi passare i bocconcini di petto di pollo nella pastella.

COTTURA BOCCONCINI DI POLLO IN FRIGGITRICE AD ARIA

Preriscaldare la friggitrice a 200°. Impostare il timer su 15 minuti e cuocere i bocconcini di pollo fino a quando non diventeranno dorati e croccanti. Una volta estratti servirli con maionese o salsa varie.

ALETTE DI POLLO PICCANTI

- Difficoltà **Molto facile**
- Preparazione **10 minuti**
- Tempo di cottura **12 Minuti**
- Porzioni **3 persone**

INGREDIENTI

- 500 g di ali di pollo a temp. ambiente
- 1 cucchiaio di olio d'oliva
- ½ cucchiaio di aglio in polvere
- paprika
- Sale e pepe q.b.

PREPARAZIONE

In un recipiente versare il cucchiaio di olio di oliva, il mezzo cucchiaio di aglio in polvere, e la paprika in base a quanto piccante si vuole il piatto. Lasciar marinare le ali di pollo nella soluzione per almeno 10 minuti.

COTTURA ALETTE DI POLLO PICCANTI IN FRIGGITRICE AD ARIA

Preriscaldare la friggitrice a 180 °C.
Mettere le ali di pollo nel cestello ed inserirlo nella friggitrice, impostare il timer su 12 minuti e cuocere le ali di pollo fino a quando non diventeranno arrostite e croccanti. Estrarre le alette e servire calde con salse varie.

COTOLETTE DI POLLO

- Difficoltà **Molto facile**
- Preparazione **10 Minuti**
- Tempo di cottura **10 Minuti**
- Porzioni **4 Persone**

INGREDIENTI

- Con queste dosi otterrete 4 cotolette di pollo.
- 4 fette di petto di pollo
- q.b. panatura al parmigiano
- q.b. olio di oliva
- q.b. sale fino

PREPARAZIONE

Battete le fette di petto di pollo, se sono molto spesse. Potete acquistarlo sia già a fette che il petto intero da affettare dello spessore che più preferite. Considerate che più sono spesse le fette di pollo più la cottura può richiedere dei minuti in più.
Preparate la panatura al parmigiano senza olio di oliva in aggiunta: piuttosto se non avete un nebulizzatore potete aggiungere olio direttamente nella panatura ed evitare di distribuirlo successivamente.
Passate le fette di petto di pollo nella panatura in modo che aderisca perfettamente, su tutta la superficie.

COTTURA COTOLETTE DI POLLO IN FRIGGITRICE AD ARIA

Adagiate le cotolette sul cestello della friggitrice ad aria, senza carta forno e senza teglie. Spruzzate con olio di oliva con il nebulizzatore e cuocete a 200° per 4 minuti o fino a che non risultano dorate, poi giratele e spruzzate ancora con olio di oliva cuocendole per altri 4 minuti.

POLLO ALLA SALVIA

- Difficoltà **Facile**
- Preparazione **20 Minuti**
- Tempo di cottura **50 Minuti**
- Porzioni **4 Persone**

INGREDIENTI

- 1 pollo intero da circa 1,2 kg
- rosmarino fresco
- salvia fresca
- aglio fresco
- q.b. paprika dolce e piccante
- q.b. aglio in polvere
- q.b. cipolla in polvere
- q.b. sale grosso
- q.b. sale aromatico

PREPARAZIONE

Pulire il pollo, (rimuovere tutti i peli) con l'aiuto di una pinzetta.
Condirlo aggiungendo man mano gli ingredienti, e lasciarlo a marinare per circa un'ora.

COTTURA POLLO ALLA SALVIA IN FRIGGITRICE AD ARIA

Adagiare il pollo nel cestello della friggitrice, impostare il programma pollo e iniziare la cottura.

Cuocere per circa 30 minuti a 200°, al termine dei quali girarlo e continuare la cottura per altri 20 minuti circa.

HAMBURGER DI POLLO

- Preparazione: **10 Minuti**
- Cottura: **7 Minuti**
- Difficoltà: **Molto facile**
- Porzioni: **2 Persone**

INGREDIENTI

- 300 g carne macinata (Manzo, Suina o mista)
- 1 cucchiaio parmigiano grattugiato
- q.b. Erbe aromatiche
- q.b. Sale fino

PREPARAZIONE

Lavorate la carne con una spatola direttamente in una ciotola. Unite il sale, il parmigiano e mescolate. Dividete l'impasto in 4 parti uguali (otterrete hamburger da 125 g ciascuno) a seconda del peso che vorrete dare agli hamburger. Formate delle palline con ciascun panetto.

Usate l'apposito attrezzo oppure un semplice coppapasta di 10-12 cm di diametro massimo. Mettete la pallina all'interno dello stampo e pressate in modo da distribuite perfettamente l'impasto e dare la forma all'hamburger. Se necessario, potete usare anche della pellicola.

COTTURA HAMBURGER DI POLLO IN FRIGGITRICE AD ARIA

Per la cottura in friggitrice ad aria potete anche non scongelarli: metteteli sul cestello ancora congelati e azionate la friggitrice ad aria a 160° per 3-4 minuti, aumentate poi la temperatura a 180° e ultimate a 200°.

COSCE DI POLLO AL CURRY

- Preparazione: **16 Minuti**
- Cottura: **30 Minuti**
- Difficoltà: **Molto facile**
- Porzioni: **4 Persone**

INGREDIENTI

- 4 cosce di pollo
- 3 cucchiai di curry
- 2 spicchi di aglio
- 1 bicchiere di vino bianco
- Q. b olio evo
- Q.b. sale

PREPARAZIONE

La sera prima mettete le cosce di pollo all'interno di un contenitore, munito di coperchio, insieme al curry, il vino, l'aglio, il sale e poco olio evo. Chiudete il contenitore e agitare bene (ripetere più volte l'operazione).

COTTURA COSCE DI POLLO AL CURRY IN FRIGGITRICE AD ARIA

Scaldare la friggitrice ad aria per 10 minuti a 200°. Posizionare all'interno del cestello le cosce di pollo, chiudere e cuocere per mezz'ora, rigirandole a metà cottura.

SPINACINE DI POLLO

- Difficoltà **Molto facile**
- Preparazione **30 Minuti**
- Cottura **15 Minuti**
- Porzioni **5 Spinacine**

INGREDIENTI

- 400 g petto di pollo
- 150 g spinaci (peso già lessati e sgocciolati)
- 30 g parmigiano
- 2 uova (o 1 piccola)
- q.b. sale fino

- q.b. pangrattato (o fette di biscottate, cracker)
- q.b. olio di oliva

PREPARAZIONE

Lessate il petto di pollo a fette in una padella oppure in pentola, ricoprendolo di acqua. Non riempite completamente la pentola così da permettere al pollo di restare più succoso e non perdere le sostanze nutritive. Aggiungete un pizzico di sale e ultimate la cottura.

Lessate gli spinaci oppure fateli scongelare se usate quelli surgelati. Fateli sgocciolare bene: questo passaggio è molto importante per evitare che l'impasto risulti troppo acquoso e molle. Pertanto o li preparate in anticipo oppure strizzateli con le mani. Frullate in un mixer gli spinaci e poi il pollo riducendoli entrambi in purea. Se avete un robot capiente potete frullarli insieme. Unite in una ciotola gli spinaci, il pollo, le uova (unitene prima una e poi eventualmente la seconda), il parmigiano, il sale. Mescolate con un cucchiaio fino ad amalgamare tutti gli ingredienti ed ottenere un composto morbido e compatto.

Frullate le fette biscottate o i cracker riducendoli in pangrattato ma lasciandolo comunque grossolano. Formate delle palline dividendo l'impasto in parti uguali Date la forma alle spinacine, schiacciandole su carta forno: la forma è tipicamente leggermente ovale.

Passate ciascuna spinacina nel pangrattato.

COTTURA SPINACINE DI POLLO IN FRIGGITRICE AD ARIA

Accendete la friggitrice ad aria e impostate la temperatura a 200°.

Adagiatele su carta forno e spruzzatele con olio di oliva. Fatele cuocere a 200° per circa 10 minuti girandole a metà cottura, fino a doratura.

POLLO ALLA PAPRIKA DOLCE

- Difficoltà **Facile**
- Preparazione **20 Minuti**
- Tempo di cottura **25 Minuti**
- Porzioni **3 Persone**

INGREDIENTI

- 6 cosce di pollo
- 1 cucchiaino di paprika dolce
- Q.b. pangrattato
- q.b. rosmarino
- q.b. sale
- poco olio extravergine d'oliva

PREPARAZIONE

In una ciotolina mettete il pangrattato, il sale, la paprika e gli aghi di rosmarino.

Mescolate il tutto, quindi utilizzando un pennello da cucina, spennellate le cosce del pollo con pochissimo olio.

Passate le cosce di pollo nel pangrattato aromatizzato.

COTTURA POLLO ALLA PAPRIKA DOLCE IN FRIGGITRICE AD ARIA

Preriscaldate la friggitrice ad aria utilizzando l'apposita funzione quindi posizionate la suo interno le cosce di pollo. Cuocere per circa 15 minuti a 200° e per 10 minuti a 170°

ALETTE DI POLLO ALLE ERBE

- Difficoltà **Molto facile**
- Preparazione **10 Minuti**
- Tempo di cottura **20 Minuti**
- Porzioni **3**

INGREDIENTI

- 6 Ali di pollo
- q.b. Aromi per arrosto
- q.b. Sale

PREPARAZIONE

Pulire le alette di pollo, eliminando eventuali piume. Per quando riguarda quella sottile peluria che si vede e non si vede, eliminarla è molto semplice. Prima di lavare la carne, accendere il fornello del gas e, stando attenti a non bruciarsi, passare le ali sulla fiamma.

Lavare la carne per bene e asciugarla. Prendere una ciotola abbastanza capiente e mettervi dentro le ali di pollo. Salare in base al proprio gusto e cospargere abbondantemente con erbe aromatiche. Rigirarle e fare la stessa cosa anche dall'altro lato.

COTTURA ALETTE DI POLLO IN FRIGGITRICE AD ARIA

Tirare fuori il cestello della friggitrice ad aria e sistemarvi dentro le ali, cercando di metterle le une accanto alle altre. Programmare la friggitrice per la cottura della carne. Programmare la cottura per la carne a 200° per 30 minuti. Non è necessario preriscaldare, questa è un'altra positività della friggitrice ad aria. A metà cottura, tirare fuori il cestello e, aiutandosi con una forchetta, rigirare la carne, quindi mettere di nuovo il cestello dentro e continuare a cuocere. I tempi di cottura sono un po' variabili, anche in base a quanto sono grosse le ali. Comunque, infilzandole la carne con una forchetta si capirà quando saranno cotte.

STRACCETTI DI POLLO

- Difficoltà **Molto facile**
- Preparazione **10 Minuti**
- Tempo di cottura **10 Minuti**
- Porzioni **2**

INGREDIENTI
- 200 g petto di pollo
- 10-12 pomodorini pachino
- 8-10 olive nere
- 1 cucchiaino Olio di oliva

- 50 g Pangrattato
- 1 cucchiaio parmigiano grattugiato
- q.b. erbe aromatiche tritate (timo, rosmarino, origano, prezzemolo, basilico)
- q.b. Sale fino

PREPARAZIONE

Tagliate il petto di pollo a bocconcini, cercando di dare a tutti la stesse dimensione. Se avete delle fettine di petto di pollo piuttosto che il petto intero potete tagliarli a straccetti.

Lavate e tagliate i pomodorini a metà e, se preferite, snocciolate le olive nere.

Mettete tutto in una ciotola, condite con un solo cucchiaino di olio e mescolate. Preparate la panatura al parmigiano.

Mescolate pangrattato, parmigiano, sale fino ed erbe aromatiche tritate. Aggiungete la panatura al pollo e mescolate in modo che aderisca perfettamente.

COTTURA STRACCETTI DI POLLO IN FRIGGITRICE AD ARIA

Distribuite il pollo, i pomodorini e le olive direttamente sul cestello della friggitrice ad aria o, se preferite, con della carta forno (ma non è necessaria). Se avete il nebulizzatore o uno spray potete fare qualche puff di olio sul pollo prima della cottura. Cuocete a 200° per 10 minuti girandoli delicatamente a metà cottura

POLLO CON ZUCCHINE E PATATE

- Difficoltà **Molto facile**
- Preparazione **10 Minuti**
- Tempo di cottura **8 Minuti**
- Porzioni **2**

INGREDIENTI
- 300 g petto di pollo (intero, bocconcini o fette spesse)
- 1 zucchina
- 2 Patate

- 2 cucchiai di panatura al parmigiano
- 1 cucchiaino Olio di oliva
- q.b. Sale fino

PREPARAZIONE

Tagliate il petto di pollo a straccetti o bocconcini cercando di ottenerne tutti delle stesse dimensioni.

Lavate la zucchina spuntatela e tagliatele a rondelle molto sottili, mezzo centimetro è sufficiente. Pelate le patate, scegliendone alcune piuttosto piccole, lavatele e tagliatele a mezzaluna dello spessore di mezzo centimetro.

Mettete il pollo, le zucchine e le patate in una ciotola capiente e aggiungete la panatura. Mescolate in modo che si distribuisce in maniera uniforme.

COTTURA IN FRIGGITRICE AD ARIA

Mettete, quindi, tutti gli ingredienti direttamente sul cestello della friggitrice ad aria. Cuocete a 200° in friggitrice ad aria per 8 minuti, girandoli una sola volta e verificando che siano cotti e dorati, altrimenti proseguite per altri 2-3 minuti.

PETTO DI POLLO IMPANATO

- Difficoltà **Molto facile**
- Preparazione **10 Minuti**
- Tempo di cottura **20 Minuti**
- Porzioni **3 / 4 persone**

INGREDIENTI

- 1 Petto di pollo
- 1 uovo
- 2 cucchiai Pane grattugiato
- 1 ciuffo Prezzemolo a piacere
- q.b. Sale
- q.b. Olio extravergine d'oliva
- 1 limone

PREPARAZIONE

Prendete il petto di pollo, dividetelo in due parti, eliminate la cartilagine centrale ed eventuale grasso.

Versate l'uovo in una ciotola, mescolatelo con una forchetta, aggiungete un pizzico di sale e a piacere un po' di prezzemolo tritato, amalgamate bene anche quello.

Passate il petto di pollo prima nell'uovo, poi nel pane grattugiato, premete leggermente con le dita in modo da farlo aderire perfettamente.

COTTURA PETTO DI POLLO IMPANATO IN FRIGGITRICE AD ARIA

Poggiate i due pezzi di petto di pollo nel cassetto della friggitrice ad aria, impostate la temperatura a 200° e cuocete per 20/25 minuti circa, i tempi possono variare leggermente in base alla friggitrice utilizzata.

Passati 20 minuti controllate la doratura in modo da valutare se sufficiente o meno, quando il petto di pollo sarà perfettamente dorato sarà pronto per essere portato a tavola.

SOTTOCOSCE DI POLLO BARBECUE

- Difficoltà **Molto facile**
- Preparazione **25 Minuti**
- Tempo di cottura **20 Minuti**
- Porzioni **3 / 4**

INGREDIENTI

- 1 spicchio di aglio schiacciato
- ½ cucchiaio di senape
- 2 cucchiaini zucchero di canna
- 1 cucchiaino di peperoncino in polvere
- Q.b. pepe nero macinato
- 4 sottocosce di pollo

PREPARAZIONE

Mescolare l'aglio con la senape, lo zucchero di canna e il peperoncino in polvere. Aggiungere un pizzico di sale e pepe a piacere. Mescolare il tutto con l'olio. Immergere completamente le sottocosce di pollo nella marinata e lasciarle marinare per 20 minuti.

COTTURA SOTTOCOSCE DI POLLO IN FRIGGITRICE AD ARIA

Disporre le sottocosce di pollo nella friggitrice. Cuocere a 200° per 10 minuti, fino a quando diventano dorate. Abbassare quindi la temperatura a 150° e arrostire le sottocosce per altri 10 minuti fino a cottura ultimata.

PEPITE CROCCANTI DI PETTO DI POLLO

- Difficoltà **Facile**
- Preparazione **15 Minuti**
- Tempo di cottura **20 Minuti**
- Porzioni **2**

INGREDIENTI

- 300 g petto di pollo
- 40 g fiocchi di avena
- 1 uovo
- Q.b. farina
- Q.b. prezzemolo
- Sale e pepe

PREPARAZIONE

Taglia il petto di pollo a bocconcini; condisci i fiocchi d'avena con sale, pepe, il prezzemolo tritato e spezie di tuo gradimento. Impana i bocconcini passandoli prima nella farina, poi nell'uovo e infine nei fiocchi d'avena conditi.

COTTURA PEPITE CROCCANTI IN FRIGGITRICE AD ARIA

Mettere i bocconcini di pollo in friggitrice ad aria e cuocere per circa 20 minuti alla temperatura di 200°.

POLLO ARROSTO

- Difficoltà **Molto facile**
- Preparazione **10 Minuti più la marinatura**
- Tempo di cottura **40 Minuti**
- Porzioni **4**

INGREDIENTI

- 1 pollo da 1 kg circa 1
- 2 Limoni
- 3 cucchiai Olio Evo
- Q.b. Prezzemolo
- 2 spicchi di aglio
- Q.b. Origano
- Q.b. Rosmarino

PREPARAZIONE

In una ciotola spremi il succo di un limone ed aggiungi 2 spicchi d'aglio tagliati, 3 cucchiai di olio extravergine d'oliva, un pizzico abbondante di origano, rosmarino in quantità a piacere ed un cucchiaino abbondante di sale. Sbatti tutto con la forchetta per creare la marinatura e poi metti il pollo nella ciotola e cospargilo massaggiando sia all'esterno che all'interno in modo da distribuire bene gli aromi.
Aggiungi il secondo limone tagliato a fette e lascia marinare il pollo almeno per 1 ora.

COTTURA POLLO ARROSTO IN FRIGGITRICE AD ARIA

Mettete il pollo nel cestello della friggitrice in modo che i succhi durante la cottura scendano sotto e cuocilo 20 minuti a 160 °, la pelle diventerà croccante ed all'interno la carne cuocerà dolcemente senza diventare secca e stoppacciosa. Trascorso il tempo cuoci per altri 20 minuti a 180 ° per rosolare bene il pollo.

POLPETTE DI POLLO

- Difficoltà **Molto facile**
- Preparazione **5 Minuti**
- Tempo di cottura **12 Minuti**

- Porzioni **3 / 4**

INGREDIENTI
- 500 g Pollo macinato
- 1 uovo
- 2 fette Pane
- q.b. Sale fino
- q.b. Pepe nero
- q.b. Aglio in polvere
- 80 g parmigiano o grana padano
- 15 ml Olio Evo

PREPARAZIONE

Mettete la carne trita in una ciotola con 1 uovo grande, sale, pepe, formaggio grattugiato, la mollica di pane precedentemente ammollata in acqua e strizzata, aglio in polvere oppure uno spicchio di aglio (tritato o sminuzzato); Amalgamare bene tutti gli ingredienti affinché vengano assorbiti dalla carne e il composto risulti omogeneo e compatto. Formare le polpette in un piatto fondo, mettere 15 ml di olio di oliva o olio di semi e rotolare dentro le polpette.

COTTURA POLPETTE DI POLLO IN FRIGGITRICE AD ARIA

Mettere le polpette nel cestello forato della friggitrice ad aria e cuocere 7 minuti a 180°, poi girarle, se necessario e cuocere altri 5 minuti a 200°.

TAGLIATA DI POLLO

- Difficoltà **Facile**
- Tempo di preparazione **5 Minuti**
- Tempo di cottura **20 Minuti**
- Porzioni **2**

INGREDIENTI
- 500 g Tagliata di pollo
- q.b. Aglio in polvere
- q.b. Erbette secche mediterranee
- q.b. Paprika affumicata

- q.b. Sale
- 1 cucchiaio di olio Evo

PREPARAZIONE

Preparare la carne cospargendola con l'aglio in polvere, la paprika affumicata e il mix di erbette secche mediterranee, regolare di sale e sistemarla sull'apposita griglia per la carne e aggiungere un cucchiaio d'olio d'oliva.

COTTURA TAGLIATA DI POLLO IN FRIGGITRICE AD ARIA

Inserire la griglia nel cassetto della friggitrice, impostare la temperatura a 180° e cuocere per venti minuti circa girandola a metà cottura.

ALI DI POLLO ALL'ASIATICA

- Difficoltà **Molto facile**
- Preparazione **10 Minuti**
- Tempo di cottura **10 Minuti**
- Porzioni **4**

INGREDIENTI
- 500 g Ali di pollo
- 100 ml Salsa al peperoncino dolce
- q.b. Sale e pepe nero
- 1 cucchiaino di cumino in polvere
- 2 cucchiaini di zenzero in polvere
- 2 spicchi d'aglio

PREPARAZIONE

Mescolare l'aglio con la polvere di zenzero e il cumino, aggiungere abbondante pepe e sale. Condire le ali con le erbe aromatiche.

COTTURA ALI DI POLLO ALL'ASIATICA IN FRIGGITRICE AD ARIA

Disporre le ali di pollo nel cestello e inserire il cestello nell'Air Fryer. Impostare il timer su 10 minuti e arrostire le ali di pollo fino a quando non diventano dorate e croccanti.

KEBAB DI POLLO ALL'INDIANA

- Difficoltà **Media**
- Preparazione **20 Minuti**
- Tempo di cottura **15 Minuti**
- Porzioni **4**

INGREDIENTI

- 300g Petto di pollo
- 100g di patate
- q.b. Sale
- 1 cucchiaino di curry
- Q.b. zenzero fresco
- 6 ramoscelli di menta fresca
- ½ cucchiaino di cumino in polvere
- 200 ml yogurt greco magro
- ½ limone

PREPARAZIONE

Preparare la salsina alla menta di accompagnamento e lasciarla a riposare un'ora in frigo prima di servirla. Pulire e asciugare le foglie di menta, tritarle ed amalgamarle in una ciotola con lo yogurt, il cumino polverizzato ed una bella irrorata di succo di limone, poi mettere in frigo coprendo con pellicola alimentare.

In un frullatore tritare il pollo a intermittenza, in modo da ottenere una polpa morbida con consistenza grossolana. Mondare le patate, sbucciarle, lavarle e farle a tocchetti regolari; cuocerle a vapore o in abbondante acqua non salata. Una volta cotte e ben morbide, schiacciarle ben bene con una forchetta.

In una ciotola mettere la polpa di pollo macinata, il curry, la purea di patate e lo zenzero grattugiato finemente; amalgamare bene il tutto e formare delle polpettine con le mani.

COTTURA IN FRIGGITRICE AD ARIA

Spennellare le polpette di kebab con dell'olio di semi di girasole e le ho cotte nella friggitrice ad aria a 180° per circa una quindicina di minuti, girandole spesso.

SPIEDINI DI POLLO ALLO YOGURT

- Difficoltà **Media**
- Tempo di preparazione **4 Ore**
- Tempo di cottura **10 Minuti**
- Porzioni **3**

INGREDIENTI

- 450g Cosce di pollo
- 120g di Yogurt greco
- 20ml di olio EVO
- 2g di paprika
- 1g cumino
- 1g pepe rosso tritato
- 1 limone spremuto
- 5g di sale
- 1g pepe nero macinato
- 4 spicchi d'aglio tritato
- 2 spiedini di legno

PREPARAZIONE

Mescolare insieme lo yogurt, l'olio d'oliva, la paprika, il cumino, il peperone rosso, il succo di limone, la buccia di limone, il sale, il pepe e l'aglio in una grande ciotola.
Aggiungere il pollo alla marinata e marinare in frigo per 4 ore. Tagliare le cosce di pollo marinate in pezzi da 38 mm e infilzarli sugli spiedini tagliati a metà.

COTTURA IN FRIGGITRICE AD ARIA

Inserire gli spiedi nella friggitrice preriscaldata e spruzzare con uno spray da cucina. Cuocere a 200° per 10 minuti.

HAMBURGER DI TACCHINO CON SLAW ASIATICO

- Difficoltà **Media**
- Preparazione **35 Minuti**
- Tempo di cottura **10 Minuti**
- Porzioni **4**

INGREDIENTI

- 450g Tacchino macinato
- 2 spicchi d'aglio tritato
- 25 mm di zenzero grattugiato
- 2 cipolle tritate
- 30g di hoisin
- 15ml di salsa di soia
- 10g di sambal oelek
- q.b. Sale

SLAW ASIATICO

- 170 g di cavolo tritato
- ¼ di cipolla rossa a fette
- ½ carota grattugiata
- 2 cipolle verdi a fette sottili
- 30ml di aceto di vino
- 30ml salsa di soia
- 30g di zucchero di canna
- 15ml olio di sesamo
- 15g di maionese
- Q.b. sale e pepe

PREPARAZIONE
SLAW ASIATICO

Mescolare insieme cavolo, cipolla, carote, cipolle verdi e coriandolo in una grande ciotola. Sbattere insieme l'aceto, la salsa di soia, lo zucchero di canna, l'olio di sesamo, la maionese, il sale e il pepe in una piccola ciotola. Scuotere le verdure con la salsa all'aceto e lasciare che lo slaw asiatico marini per 30 minuti.

POLPETTA

Mescolare tutti gli ingredienti insieme in una grande ciotola fino a quando si combinano assieme. Formare il composto di tacchino in 4 tortini e metterlo in frigorifero a raffreddare.

COTTURA IN FRIGGITRICE AD ARIA

Accendere la friggitrice ad aria e impostare la temperatura a 200°. Mettere i tortini di tacchino nella friggitrice preriscaldata. Cuocere per 10 minuti.
Servire sulle focacce con slaw asiatico.

ALI DI POLLO DELLA MONGOLIA

- Difficoltà Facile
- Preparazione **15 Minuti**
- Tempo di cottura **25 Minuti**
- Porzioni **3**

INGREDIENTI

- 680g di Ali di pollo
- 30ml di olio vegetale
- 60ml di salsa di soia
- 85g di miele
- 20ml di aceto di vino
- 15g di sriracha
- 3 spicchi d'aglio tritato
- 4g di zenzero grattugiato
- 1 cipolla tritata per guarnire

PREPARAZIONE

Mescolare le ali di pollo, l'olio, il sale e il pepe fino a quando non sono ben coperte.

COTTURA IN FRIGGITRICE AD ARIA

Mettere le ali di pollo rivestite nella friggitrice preriscaldata. Combinare salsa di soia, miele, aceto di vino di riso, Sriracha, aglio e zenzero in una casseruola. Portare a ebollizione fino a quando i sapori non si fondono per circa 10 minuti. Dopo 20 minuti, mettere le ali in una grande ciotola e mescolare con la glassa. Riportare le ali nei cestelli della friggitrice e terminare la cottura per i restanti 5 minuti. Guarnire con cipolle verdi e servire.

ALI DI POLLO JERK

- Difficoltà **Facile**
- Preparazione **10 Minuti**
- Tempo di cottura **25 Minuti**
- Porzioni **3**

INGREDIENTI

- 1 g di timo macinato
- 1 g di rosmarino essiccato
- 2 g di pimento
- 4 g di zenzero macinato
- 3 g di aglio in polvere
- 2 g di cipolle in polvere
- 1 g di cannella
- 2 g di paprika
- 2 g di peperoncino in polvere
- 1 g di noce moscata
- Sale a piacere
- 30 ml di olio vegetale
- Ali di pollo da 0,5-1 kg
- 1 lime spremuto

PREPARAZIONE

Unire tutte le spezie e l'olio insieme in una ciotola per farne un composto marinato. Mettere le ali di pollo nella marinata fino a quando non sono ben ricoperte.

COTTURA ALI DI POLLO JERK IN FRIGGITRICE AD ARIA

Mettere le ali di pollo nella friggitrice preriscaldata. Assicurarsi di scuotere i cestelli a metà cottura. Togliere le ali e metterle su un piatto. Spremere il succo di lime fresco sopra le ali e servire.

ALI DI POLLO AL MIELE

- Difficoltà **Facile**
- Preparazione **10 Minuti**
- Tempo di cottura **30 Minuti**
- Porzioni **3**

INGREDIENTI

- 2 g di paprika affumicata
- 2 g di aglio in polvere
- 2 g di cipolle in polvere
- 2 g di sale
- 2 g di pepe nero
- 25 g di amido di mais
- 450 g di ali di pollo

- Spray da cucina antiaderente
- 90 g di miele
- 100 g di Sriracha
- 15 ml di aceto di vino di riso
- 5 ml di olio di sesamo

PREPARAZIONE

Mescolare insieme la paprika affumicata, l'aglio in polvere, la cipolla in polvere, il sale, il pepe nero e l'amido di mais.
Mettere le ali nell'amido di granturco stagionato finché non sono coperte in modo uniforme.

COTTURA ALI DI POLLO AL MIELE IN FRIGGITRICE AD ARIA

Mettere le ali nella friggitrice preriscaldata. Selezionare Pollo, regolare il tempo a 30 minuti e premere Avvia. Scuotere i cestelli a metà cottura. Sbattere insieme in una grande ciotola miele, Sriracha, aceto di vino di riso e olio di sesamo. Mettere le ali cotte nella salsa fino a quando non sono ben coperte e servirle.

POLLO AL BARBECUE

- Difficoltà **Media**
- Preparazione **30 Minuti**
- Tempo di cottura **20 Minuti**
- Porzioni **4**

INGREDIENTI

- 3 g di paprika affumicata
- 5 g di aglio in polvere
- 3 g di cipolle in polvere
- 4 g di peperoncino in polvere
- 7 g di zucchero di canna
- 20 g di sale kosher
- 2 g di cumino
- 1 g di pepe di Caienna
- 1 g di pepe nero
- 1 g di pepe bianco
- 450 g di cosce di pollo
- 230 g di ali di pollo
- Salsa barbecue

PREPARAZIONE

Unire tutti i condimenti in una piccola ciotola. Cospargere il condimento sul pollo e lasciare marinare per 30 minuti.

COTTURA POLLO AL BARBECUE IN FRIGGITRICE AD ARIA

Accendere la friggitrice ad aria e impostare la temperatura a 200°. Posizionare le ali nella friggitrice preriscaldata. Selezionare Pollo, regolare il tempo a 20 minuti. Spennellare il pollo con un po' di salsa barbecue ogni 5 minuti. Togliere il pollo dalla friggitrice quando ha terminato la cottura. Servire con altra salsa barbecue.

POLLO ALLE CINQUE SPEZIE

- Difficoltà **Facile**
- Tempo di preparazione **2 Ore**
- Tempo di cottura **20 Minuti**
- Porzioni **2**

INGREDIENTI

- 48 g di salsa hoisin
- 18 g di salsa di ostriche
- 3 spicchi d'aglio
- 5 g di polvere cinese a cinque spezie
- 60 ml di miele
- 30 ml di salsa di soia scura
- 4 cosce di pollo senza ossa e con pelle liscia

PREPARAZIONE

Unire la hoisin, la salsa di ostriche, l'aglio, la polvere cinese a cinque spezie, 30 ml di miele e 20 ml di salsa di soia scura in una grande ciotola. Aggiungere le cosce di pollo e mescolare finché non sono ben coperti. Marinare per almeno 2 ore.

COTTURA POLLO ALLE CINQUE SPEZIE IN FRIGGITRICE AD ARIA

Mettere le cosce di pollo nei cestelli della friggitrice preriscaldata.

Regolare il tempo a 12 minuti. Mescolare il miele rimanente e la salsa di soia insieme in una piccola ciotola. Spennellare il pollo con la salsa di soia dopo 8 minuti di cottura, poi tornare alla friggitrice e terminare la cottura per 4 minuti. Servire con broccoli cinesi e riso al vapore.

CANJUN DI POLLO

- Difficoltà **Media**
- Tempo di preparazione **5 ore**
- Tempo di cottura **10 Minuti**
- Porzioni **3**

INGREDIENTI

- 454 g di filetto di pollo
- 355 ml di latticello
- 10 ml di salsa piccante della Louisiana
- 180 g di farina per tutti gli usi
- 15 g di sale
- 4 g di pepe nero
- 7 g di aglio in polvere
- 5 g di cipolle in polvere
- 5 g di paprika
- 3 g di senape macinata
- 2 g di pepe di Caienna
- 12 g di amido di mais

PREPARAZIONE

Marinare le offerte di pollo nel latticello e nella salsa piccante per 4 ore o durante la notte. Aggiungere tutti gli ingredienti rimanenti in una grande ciotola e mescola bene. Versare il pollo marinato nella miscela e togliere l'eccesso. Mescolare 1/3 della marinata nella farina condita e mescolare bene. Lasciare riposare il pollo per un'ora e versarlo nella farina. Poi mettere da parte.

COTTURA CANJUN DI POLLO IN FRIGGITRICE AD ARIA

Versare un filo d'olio e mettere il pollo nella friggitrice preriscaldata. Cuocere a 205° per 10 minuti, fino a doratura.

POLLO AL MIELE E LIMONE

- Difficoltà **Facile**
- Tempo di preparazione **1 ora**
- Tempo di cottura **15 Minuti**
- Porzioni **2**

INGREDIENTI
- 50 ml di miele
- 15 ml di salsa di soia
- 1 limone spremuto
- 2 spicchi d'aglio tritati
- 4 cosce di pollo con osso e pelle
- Sale a piacere
- Fette di limone per guarnire

PREPARAZIONE
Unire miele, salsa di soia, succo di limone e aglio in una ciotola e mescolare. Immergere le cosce di pollo e marinare per un massimo di 1 ora.

COTTURA IN FRIGGITRICE AD ARIA
Mettere le cosce di pollo nella friggitrice preriscaldata. Selezionare Pollo, regolare il tempo a 15 minuti e premere Avvia.
Rimuovere i cestelli dalla friggitrice quando mancano 5minuti sul timer. Imbottire il pollo con altra marinata e rimettere i cestini per terminare la cottura. Condire con sale, un po' di miele e guarnire con fettine di limone.

PARMIGIANA DI POLLO

- Difficoltà **Facile**
- Preparazione **10 Minuti**
- Tempo di cottura **12 Minuti**
- Porzioni **2**

INGREDIENTI
- 55 g di pangrattato all'italiana
- 20 g di parmigiano grattugiato
- 2 petti di pollo (450 g) disossati e senza pelle
- 60 g di farina per tutti gli usi
- 2 uova, sbattute
- Spray da cucina antiaderente
- 2 fette di mozzarella
- Salsa marinara, per servire
- 2 rametti di prezzemolo tritato fresco, per guarnire

PREPARAZIONE
Mescolare il pangrattato e il parmigiano in una ciotola. Immergere ogni petto di pollo nella farina, poi nelle uova sbattute ed infine arrotolarlo nella miscela di pane grattugiato. Spruzzare l'interno dei cestelli della friggitrice preriscaldata con uno spray da cucina e posizionare i petti di pollo all'interno, spruzzando anche le parti superiori del pollo.

COTTURA PARMIGIANA DI POLLO IN FRIGGITRICE AD ARIA
Accendere la friggitrice ad aria e impostare la temperatura a 180°. Cuocere i petti di pollo a 180° per 12 minuti.
Mettere 1 fetta di mozzarella su ciascun petto quando mancano 2 minuti sul timer. Servire con salsa marinara e guarnire con prezzemolo fresco tritato.

BACCHETTE DI POLLO TIKKA

- Difficoltà **Media**
- Tempo di preparazione **1 ora**
- Tempo di cottura **20 Minuti**
- Porzioni **2**

INGREDIENTI
- 80 ml di latte di cocco
- 25 g di concentrato di pomodoro
- 3 g di marsala
- 2 g di cumino
- 3 g di curcuma
- 2 g di cardamomo

- 3 g di aglio in polvere
- 25 g di zenzero grattugiato
- 5 g di sale
- 4 cosce di pollo

PREPARAZIONE

Unire tutto tranne il pollo in una ciotola e mescola. Immergere le cosce di pollo nella marinata di cocco e mescolare finché le gambe non sono ben coperte. Marinare per un massimo di 1 ora.

Togliere le cosce di pollo dal frigo e metterle nella friggitrice preriscaldata.

COTTURA IN FRIGGITRICE AD ARIA

Accendere la friggitrice ad aria, impostare la temperatura a 175° e cuocere per 20 minuti per 20 minuti. Servire con riso basmati al vapore.

POLLO FRITTO

- Difficoltà **Molto facile**
- Tempo di preparazione **2 ore**
- Tempo di cottura **25 Minuti**
- Porzioni **2**

INGREDIENTI

- 2 cosce di pollo
- 2 cosce di pollo con osso e pelle
- 220 ml di latticello
- 80 g di farina per tutti gli usi
- 3 g di aglio in polvere
- 3 g di cipolle in polvere
- 3 g di paprika
- 2 g di pepe nero o bianco
- 5 g di sale
- 40 ml di olio vegetale

PREPARAZIONE

Unire cosce di pollo e latticello in una busta a chiusura lampo e marinare per 1-1½ ore. Mescolare la farina, le spezie e il sale in una ciotola.

Prendere le cosce di pollo direttamente dalla busta e versare la farina. Assicurarsi che il pollo sia completamente coperto, poi far raffreddare 15 minuti.

COTTURA POLLO FRITTO IN FRIGGITRICE AD ARIA

Accendere la friggitrice ad aria e impostare la temperatura a 180°.

Inumidire un pennello da cucina nell'olio e sforare delicatamente le cosce di pollo su ciascun lato. Mettere le cosce nella friggitrice preriscaldata. Selezionare Pollo e premere Avvia. Capovolgere il pollo a metà cottura e spruzzare con uno spray da cucina. Lasciare raffreddare per 5 minuti appena terminata la cottura e poi servire.

COSCE DI POLLO ALLA SENAPE

- Difficoltà **Facile**
- Preparazione **5 Minuti**
- Tempo di cottura **20 Minuti**
- Porzioni **4**

INGREDIENTI

- 30 g di mostarda di Digione
- Sciroppo d'acero da 15 ml
- 1 cipolla in polvere
- 2 g di aglio in polvere
- 1 g di paprika
- 2 g di sale
- 1 g di pepe nero
- 4 cosce di pollo con osso e pelle

PREPARAZIONE

Mescolare insieme senape, sciroppo d'acero, cipolla in polvere, aglio in polvere, paprika, sale e pepe nero in una piccola ciotola. Ricoprire le cosce di pollo della glassa di senape e metterle da parte.

COTTURA IN FRIGGITRICE AD ARIA

Accendere la friggitrice ad aria e impostare la temperatura a 200°.

Mettere le cosce di pollo nella friggitrice preriscaldata e rabboccare con la glassa rimanente. Selezionare Pollo, regolare il tempo a 20 minuti e premere Avvia.

POLLO ARROSTO AGLIO & SPEZIE

- Difficoltà **Facile**
- Preparazione **35 Minuti**
- Tempo di cottura **20 Minuti**
- Porzioni **3**

INGREDIENTI

- 3 cosce di pollo, osso e pelle
- 3 cosce di pollo con pelle
- 30 ml di olio d'oliva
- 20 g di aglio in polvere
- 3 g di aglio in polvere
- 6 g di sale
- 1 g di pepe nero
- 1 g di timo essiccato
- 1 g di rosmarino essiccato
- 1 g di dragoncello essiccato

PREPARAZIONE

Ricoprire le cosce di pollo con olio d'oliva e tutti i condimenti. Lasciare marinare per 30 minuti.

COTTURA IN FRIGGITRICE AD ARIA

Accendere la friggitrice ad aria e impostare la temperatura a 190°. Mettere il pollo nella friggitrice preriscaldata. Selezionare Pollo e regolare il tempo a 20 minuti.

SPIEDINI DI POLLO ALLE SPEZIE

- Difficoltà **Media**
- Tempo di preparazione **1 ora**
- Tempo di cottura **10 Minuti**
- Porzioni **3**

INGREDIENTI

- 60 ml di olio d'oliva
- 3 spicchi d'aglio grattugiati
- 2 g di origano essiccato
- 1 g di timo essiccato
- 2 g di sale
- 1 g di pepe nero
- 1 limone spremuto
- 450 g cosce di pollo tagliate a cubetti
- 2 spiedini di legno dimezzati

PREPARAZIONE

Mescolare insieme l'olio d'oliva, l'aglio, l'origano, il timo, il sale, il pepe nero e il succo di limone in una grande ciotola.
Aggiungere il pollo alla marinata e marinare per 1 ora.

COTTURA IN FRIGGITRICE AD ARIA

Accendere la friggitrice, regolare a 195° e premere Avvia. Tagliare il pollo marinato in pezzi da 38 mm e infilalo sugli spiedini tagliati a metà. Mettere gli spiedini nella friggitrice preriscaldata. Selezionare Pollo, impostare il tempo per 10 minuti.

ALI DI POLLO AL PARMIGIANO

- Difficoltà **Molto facile**
- Preparazione **5 Minuti**
- Tempo di cottura **25 Minuti**
- Porzioni **3**

INGREDIENTI

- 25 g di amido di mais
- 20 g di parmigiano grattugiato
- Q.b. Sale e pepe
- 700 g di ali di pollo

PREPARAZIONE

Unire in una ciotola amido di mais, parmigiano, aglio in polvere, sale e pepe.

Mettere le ali di pollo nel condimento finché le ali non sono ben coperte.

COTTURA IN FRIGGITRICE AD ARIA

Acendere la friggitrice ad Aria, regolare a 195°. Selezionare Pollo e premere Avvia. Assicurarsi di scuotere i cestelli a metà cottura. Cospargere con il mix di parmigiano avanzato e servire.

COSCE DI POLLO AL LIMONE

- Difficoltà **Molto facile**
- Preparazione **10 Minuti**
- Tempo di cottura **20 Minuti**
- Porzioni **3**

INGREDIENTI
- 30 ml di olio d'oliva
- 1 limone spremuto
- 5 g di paprika
- 9 g di sale
- 1 g di origano essiccato
- 1 g di pepe nero
- 2 g di zucchero di canna
- 6 cosce di pollo con pelle

PREPARAZIONE
Mescolare insieme l'olio d'oliva, il succo di limone, la scorza di limone, l'aglio in polvere, la paprika, il sale, l'origano, il pepe nero e lo zucchero di canna in una piccola ciotola. Immergere le cosce di pollo nella marinata e lasciar riposare per 30 minuti.

COTTURA IN FRIGGITRICE AD ARIA
Accendere la friggitrice ad Aria, regolare a 195°. Mettere le cosce di pollo nella friggitrice preriscaldata.
Selezionare Pollo, regolare il tempo a 20 minuti e premere Avvia.

MANZO, MAIALE E AGNELLO

POLPETTE DI MANZO

- Difficoltà **Molto facile**
- Preparazione **5 Minuti**
- Tempo di cottura **12 Minuti**
- Porzioni **3 / 4**

INGREDIENTI

- 500g Carne bovina
- 1 uovo
- 2 fette di pane
- Q.b. pepe nero
- q.b. Sale fino
- 80 g parmigiano
- Q.b. aglio in polvere
- 15ml olio di oliva

PREPARAZIONE
Per preparare le polpette con friggitrice ad aria, mettere la carne trita in una ciotola con 1 uovo grande, sale, pepe, formaggio grattugiato, la mollica di pane precedentemente ammollata in acqua e strizzata, aglio in polvere oppure uno spicchio di aglio (tritato o sminuzzato); amalgamare bene tutti gli ingredienti affinché vengano assorbiti dalla carne e il composto risulti omogeneo e compatto.
Formare le polpette; in un piatto fondo, mettere 15 ml di olio di oliva o olio di semi e rotolare dentro le polpette.

COTTURA POLPETTE DI MANZO IN FRIGGITRICE AD ARIA
Mettere le polpette nel cestello forato della friggitrice ad aria e cuocere 7 minuti a 180° C, poi girarle, se necessario e cuocere altri 5 minuti a 200°.

ROAST BEEF

- Difficoltà **Molto facile**
- Preparazione **5 Minuti**
- Tempo di cottura **15 Minuti**
- Porzioni **4**

INGREDIENTI

- 700 g roastbeef intero
- 2 cucchiai olio EVO
- 2 rametti rosmarino
- q.b. Sale
- 1 carota
- 1 sedano
- 1 cipolla
- 4 cucchiai olio EVO

PREPARAZIONE
Versare l'olio in una padella, farlo riscaldare e sigillare la carne da tutti i lati ma cuocendo pochissimo tempo e rigirandolo spesso. Trasferire il roastbeef in un contenitore.

COTTURA ROAST BEEF IN FRIGGITRICE AD ARIA
Riscaldare la friggitrice ad aria a 200° per circa 5 minuti. Abbassare la temperatura a 160° e cuocere per 15 minuti rigirando la carne a metà cottura.

BRACIOLA DI VITELLO

- Difficoltà **Molto facile**
- Preparazione **5 Minuti**
- Tempo di cottura **10 Minuti**
- Porzioni **1**

INGREDIENTI

- 1 Braciola di vitello
- Mezza cipolla sbucciata
- 1 cucchiaio di olio EVO
- 2 cucchiaini di erbe aromatiche
- Q.b. pepe
- q.b. Sale

PREPARAZIONE

Sbuccia la cipolla e tagliala ad anelli, metti gli anelli nell'acqua fredda per almeno 5 minuti. Togliere la carne dal frigorifero 30 minuti prima rispetto a quando dovrai cuocerla nella friggitrice (in questo modo la cottura sarà perfetta). Se la carne ha una parte grassa, c'è il rischio che durante la cottura possa arricciarsi; per evitare ciò, prima di metterla nella friggitrice separa con il coltello il grasso dalla carne.

Metti gli anelli di cipolla, il sale, il pepe, le erbe e l'olio extra vergine di oliva sulla carne.

COTTURA IN FRIGGITRICE AD ARIA

Accendere la friggitrice impostando la temperatura a 180°. Mettere la carne nel cestello della friggitrice senza olio, impostare il timer di cottura a 10 minuti.

HAMBURGER DI MANZO

- Difficoltà **Molto facile**
- Preparazione **5 Minuti**
- Tempo di cottura **8 Minuti**
- Porzioni **2**

INGREDIENTI

- 2 Hamburger
- 2 Panini per Hamburger
- Formaggio Cheddar
- Melanzane
- Pomodori a fette
- Maionese
- Ketchup
- Salsa Worcestershire

PREPARAZIONE

Preparare i panini da hamburger. Se volete potete preparare anche gli hamburger in casa. Ma se preferite potete acquistare già pronti sia i panini che gli hamburger.

COTTURA HAMBURGER DI MANZO IN FRIGGITRICE AD ARIA

Sistemare gli hamburger sull'accessorio griglia della friggitrice ad aria. Azionare la friggitrice a 200° per 4 minuti poi regolare di sale, girare gli hamburger, aggiungere a piacere della salsa Worcestershire e proseguire la cottura per altri 4 minuti.

COSTINE DI MAIALE

- Difficoltà **Molto facile**
- Tempo di preparazione **10 Minuti**
- Tempo di cottura **25 Minuti**
- Porzioni **2**
- Tempo di riposo **2 ore**

INGREDIENTI

- 600g Costine di maiale
- q.b. Spezie
- q.b. Sale rosa dell'Himalaya
- 1 filo di olio EVO

PREPARAZIONE

Mettere le costine in un vassoio, spennellarle con un filo di olio e cospargere gli aromi, massaggiare, coprire e lasciare riposare per un paio di ore (se fa caldo, meglio in frigo per evitare che la carne vada a male).

COTTURA COSTINE DI MAIALE IN FRIGGITRICE AD ARIA

Per cuocere le costine, riporle nel cestello forato della friggitrice, 180°per 10minuti, poi girarle e cuocere altri 8 minuti a 180°.

COSTOLETTE DI MAIALE IN SALSA BBQ

- Difficoltà **Molto facile**
- Preparazione **10 Minuti**
- Tempo di cottura **25 Minuti**
- Porzioni **2**

INGREDIENTI

- 2 braciole di maiale
- q.b. Sale fino
- q.b. salsa barbeque
- 2 puff di olio di oliva

PREPARAZIONE

Prima di tutto lasciate le braciole a temperatura ambiente per circa 20 minuti prima di cuocerle. Questo passaggio è fondamentale in qualsiasi tipologia di cottura perché cuocere carne troppo fredda tende ad indurirla.

Quindi, spolverizzatela con poco sale e spruzzatele soltanto con 2 puff di olio usando un nebulizzatore.

COTTURA IN FRIGGITRICE AD ARIA

Versate sul fondo del cestello mezzo bicchiere di acqua che impedirà al grasso di fare fumo Adagiate le fettine di carne direttamente sul cestello e azionate la friggitrice ad aria a 180° oppure con funzione carne. Cuocete per 3 minuti poi spennellatele con la salsa barbeque e procedete per altri 3 minuti.

Giratele direttamente sul cestello e spennellatele sull'altro lato, poi proseguite la cottura a 200° per 4 minuti

ARROSTO DI MAIALE

- Difficoltà Facile
- Preparazione 10 Minuti
- Tempo di cottura 45 Minuti
- Porzioni 4

INGREDIENTI

- 1kg Lonza di maiale
- q.b. sale e pepe
- 1 rametto di rosmarino

PREPARAZIONE

Prendere la lonza e farla insaporire con sale e pepe, infilare nella rete un bel rametto di rosmarino.

COTTURA ARROSTO DI MAIALE IN FRIGGITRICE AD ARIA

Mettetela nella friggitrice ad aria, avviare il programma costolette per 30 minuti a 180° e dopo per 10 minuti a 200°.

Lasciar riposare per 15 minuti e dopo avvolgere nella carta da forno fino al raffreddamento.

INVOLTINI DI MAIALE NEL PROSCIUTTO

- Difficoltà Facile
- Preparazione 10 Minuti
- Tempo di cottura 10 Minuti
- Porzioni 4

INGREDIENTI

- 6 Pezzi di prosciutto affettato
- 1 Filetto di maiale (c.a. 500g)
- 1 g Pepe nero
- 250 g Foglie di Spinaci
- 4 Fette di mozzarella
- 18 g di pomodorini essicati
- 10ml olio EVO
- q.b. Sale

PREPARAZIONE

Disporre 3 pezzi di prosciutto sulla carta da forno, leggermente sovrapposti l'un l'altro. Mettere 1 metà del maiale sul prosciutto e ripetere con l'altra metà.

Condire l'interno degli involtini di maiale con sale e pepe. Mettere la metà delle quantità di spinaci, formaggio e pomodori secchi in cima al fletto di maiale lasciando un bordo di 13 mm su tutti i lati. Arrotolare stretto il fletto attorno al ripieno e legarlo con lo spago da cucina per tenerlo chiuso. Ripetere il processo per l'altro fletto di maiale e mettere gli involtini in frigo.

COTTURA IN FRIGGITRICE AD ARIA

Impostare la temperatura a 190°.

Spennellare 5 ml di olio d'oliva su ogni filetto avvolto e metterlo nella friggitrice preriscaldata. Regolare il tempo a 9 minuti. Lasciare riposare gli involtini per 10 minuti prima di affettare.

SPIEDINI DI MAIALE TERIYAKI

- Difficoltà **Media**
- Preparazione **35 Minuti**
- Tempo di cottura **9 Minuti**
- Porzioni **3**

INGREDIENTI

- 450g Lombata di maiale a cubetti
- 8g di amido di mais
- 120ml acqua
- 60ml salsa di soia
- 55g di zucchero
- 1 spicchio di aglio tritato
- 2g di zenzero
- Q.b. pepe nero
- 2 spiedini di legno da cucina
- q.b. Sale

PREPARAZIONE

Mescolare insieme l'amido di mais e l'acqua. Unire la poltiglia di amido di mais, la salsa di soia, lo zucchero di canna, l'aglio e lo zenzero in una piccola casseruola. Cuocere la salsa a fuoco vivace fino a quando bolle e si addensa, circa 5 minuti. Condire la salsa a piacere con pepe nero e lasciare raffreddare. Inserire la carne in modo uniforme tra gli spiedini di legno. Marinare lo spiedino di maiale in salsa teriyaki per 30 minuti.

COTTURA IN FRIGGITRICE AD ARIA

Accendere la friggitrice ad aria e impostare la temperatura a 190°. Mettere gli spiedini nella friggitrice e regolare il tempo a 8 minuti. Spennellare gli spiedini con la salsa teriyaki ogni 2 minuti durante la cottura. Condire con sale e pepe e servire.

SPIEDINI DI MANZO IN STILE COREANO

- Difficoltà **Molto facile**
- Tempo di preparazione **1 Ora**
- Tempo di cottura **10 Minuti**
- Porzioni **3**

INGREDIENTI

- 450g di carne di manzo a cubetti
- 15ml di salsa di soia
- 15ml di olio di sesamo
- 15ml di miele
- 5ml di aceto di vino
- 2 spiedini di legno
- q.b. Sale

PREPARAZIONE

Mescolare salsa di soia, olio di sesamo, miele e aceto in una ciotola.
Scuotere il manzo tagliato nella marinata e marinare per 1 ora.

COTTURA IN FRIGGITRICE AD ARIA

Accendere la friggitrice ad aria e impostare la temperatura a 200°. Infilare i pezzi di manzo sugli spiedini tagliati a metà e mettere gli spiedini nella friggitrice preriscaldata. Cuocere per 10 minuti circa.

JALAPENOS RIPIENI CON BACON

- Difficoltà **Molto facile**
- Preparazione **15 Minuti**
- Tempo di cottura **8 Minuti**
- Porzioni **2**

INGREDIENTI

- 6 jalapeños medi
- 110 g di maiale macinato
- 60 g di formaggio Cheddar
- Sale e pepe a piacere
- 6 strisce di pancetta dimezzate

PREPARAZIONE

Tagliare i jalapeños a metà nel senso della lunghezza e rimuovere tutti i semi. Poi mettere da parte. Unire carne di maiale macinata, Cheddar, sale e pepe in una ciotola e mescolare fino a quando non sono ben combinati. Versare circa 20 ml della miscela di maiale in ogni metà di jalapeño. Rimettere insieme le metà di jalapeños e avvolgere ogni jalapeño con la pancetta.

COTTURA IN FRIGGITRICE AD ARIA

Accendere la friggitrice ad aria e impostare la temperatura a 160°. Mettere i jalapeños avvolti nel bacon nella friggitrice preriscaldata. Selezionare Bacon, regolare il tempo a 16 minuti e premere Avvia. Servire con la salsa preferita.

CHEESBURGER DI MANZO

- Difficoltà **Facile**
- Preparazione **50 minuti**
- Tempo di cottura **10 Minuti**
- Porzioni **4**

INGREDIENTI

- 450 g di manzo macinato
- 3 g di sale
- 1 g di pepe nero
- 6 ml di salsa Worcestershire
- 5 g di mostarda di Digione
- 1 cipolla piccola grattugiata
- 1 uovo sbattuto
- 40 ml di olio d'oliva
- 4 fette di formaggio cheddar
- Panini per servire

PREPARAZIONE

Mescolare insieme la carne macinata, il sale, il pepe nero, la salsa Worcestershire, la senape di Digione, la cipolla grattugiata e l'uovo fino a quando non saranno ben combinati.

Formare 4 polpette di manzo e lasciarlo raffreddare in frigorifero per 1 ora.

COTTURA IN FRIGGITRICE AD ARIA

Accendere la friggitrice ad Aria e impostare la temperatura a 180°.
Strofinare le polpette con olio d'oliva e mettere gli hamburger nella friggitrice preriscaldata. Selezionare Bistecca, regolare il tempo su 8 minuti e premere Avvia. Capovolgere gli hamburger a metà cottura per garantire una doratura uniforme. Aggiungere le fette di formaggio cheddar in ciascun hamburger quando manca 1 minuto di cottura.
Servire su mini panini.

BRACIOLE DI MAIALE ALL'AMERICANA

- Difficoltà **Molto facile**
- Preparazione **10 Minuti**
- Tempo di cottura **10 Minuti**
- Porzioni **2**

INGREDIENTI

- 2 braciole di maiale senza osso
- 15 ml di olio vegetale
- 25 g di zucchero di canna scuro
- 6 g di paprika ungherese
- 2 g di senape macinata
- 2 g di pepe nero macinato fresco
- 3 g di cipolle in polvere
- 3 g di aglio in polvere
- Sale e pepe, a piacere

PREPARAZIONE

Rivestire le costolette di maiale con l'olio.
Unire tutte le spezie e condire liberamente le costolette di maiale, quasi come se fossero impanate Mettere le braciole di maiale nella friggitrice preriscaldata.

COTTURA IN FRIGGITRICE AD ARI

Accendere la friggitrice ad aria e impostare la temperatura a 180°.

Selezionare *Bistecca*, regolare su 10 minuti e premere *Avvia*. Togliere le costolette di maiale quando sono cotte, lasciare riposare per 5 minuti e poi servire.

POLPETTE DI AGNELLO

- Difficoltà **Media**
- Preparazione **40 Minuti**
- Tempo di cottura **10 Minuti**
- Porzioni **3**

INGREDIENTI

- 450 g di agnello macinato
- 5 g di sale
- 1 g di pepe nero
- 2 g di menta appena tritata
- 2 g di cumino macinato
- 3 ml di salsa piccante
- 1 g di peperoncino in polvere
- 1 scalogno tritato
- 8 g di prezzemolo tritato
- 15 ml di succo di limone fresco
- 2 g di scorza di limone
- 10 ml di olio d'oliva

PREPARAZIONE

Mescolare insieme l'agnello, l'aglio, il sale, il pepe, la menta, il cumino, la salsa piccante, il peperoncino in polvere, lo scalogno, il prezzemolo, il succo di limone e la scorza di limone. Formare 9 palline con la miscela di agnello e lasciare raffreddare in frigorifero per 30 minuti.

COTTURA POLPETTE DI AGNELLO IN FRIGGITRICE AD ARIA

Accendere la friggitrice ad Aria e impostare a 180°.
Ricoprire le polpette di olio d'oliva e metterle nella friggitrice preriscaldata.
Selezionare *Bistecca*, regolare il tempo a 10 minuti e premere *Avvia*.

POLPETTE DI MANZO ASIATICHE

- Difficoltà **Media**
- Preparazione **20 Minuti**
- Tempo di cottura **10 Minuti**
- Porzioni **4**

INGREDIENTI

- Carne macinata da 450 g
- 15 ml di olio di sesamo
- 18 g di pasta di miso
- 10 foglie di menta fresca tritate
- 2 scalogni tritati
- 5 g di sale
- 1 g di pepe nero
- 45 ml di salsa di soia
- 45 ml di acqua
- 3 g di zucchero di canna

PREPARAZIONE

Mescolare insieme la carne macinata di manzo, l'olio di sesamo, la pasta di miso, le foglie di menta, gli scalogni, il sale e il pepe finché tutto è ben incorporato.
Aggiungere una piccola quantità di olio di sesamo alle mani e formare il composto di polpette da 50 mm. Dovreste ricavare circa 8 polpette.
Lasciare le polpette in frigorifero per 10 minuti. Create la salsa mescolando insieme la salsa di soia, mirin, acqua e zucchero di canna. Poi mettere da parte.

COTTURA POLPETTE DI MANZO ASIATICHE IN FRIGGITRICE AD ARIA

Accendere la friggitrice ad Aria e impostare la temperatura a 170°.
Disporre le polpette refrigerate nella friggitrice preriscaldata.
Selezionare *Bistecca*, regolare il tempo a 10 minuti e premere *Avvia*.
Liberamente spugnare le polpette con la salsa ogni 2 minuti.

SPIEDINI DI AGNELLO ALA COREANA

- Difficoltà **Facile**
- Preparazione **15 Minuti**
- Tempo di cottura **10 Minuti**
- Porzioni **2**

INGREDIENTI

- 350 g di agnello macinato
- 2 g di cumino
- 2 g di paprika
- 3 g di aglio in polvere
- 2 g di cipolle in polvere
- 1 g di cannella
- 1 g di curcuma
- 1 g di semi di finocchio
- 1 g di semi di coriandolo macinati
- 3 g di sale
- 4 spiedini di bambù

PREPARAZIONE

Abbinare tutti gli ingredienti in una ciotola e mescola bene.
Infilare 85 g di carne su ogni spiedino, poi riporre in frigo per 10 minuti.

COTTURA IN FRIGGITRICE AD ARIA

Accendere la friggitrice ad Aria e impostare la temperatura a 180°.
Inserire gli spiedi nella friggitrice preriscaldata, selezionare Bistecca, regolare il tempo a 8 minuti e premere Avvia.
Servire con condimento allo yogurt al limone o da solo.

RUSTICI DI MAIALE

- Difficoltà **Molto facile**
- Preparazione **10 Minuti**
- Tempo di cottura **10 Minuti**
- Porzioni **4**

INGREDIENTI

- ½ foglio di pasta sfoglia scongelata
- 16 salsicce affumicate tagliate
- 15 ml di latte

PREPARAZIONE

Tagliare la sfoglia in strisce da 64 x 38 mm. Mettere una salsiccia tagliata su un'estremità della pasta sfoglia e avvolgere l'impasto attorno alla salsiccia, sigillando l'impasto con un po' d'acqua.
Spazzolare il lato superiore delle salsicce avvolte (lato della giuntura verso il basso) con il latte e metterla nella friggitrice preriscaldata.

COTTURA RUSTICI DI MAIALE IN FRIGGITRICE AD ARIA

Accendere la friggitrice ad Aria.
Cuocere a 200° per 10 minuti o fino a doratura.

PIZZA DI MACINATO PROSCIUTTO E PROVOLA

- Difficoltà **Molto facile**
- Preparazione **15 Minuti**
- Tempo di cottura **30 Minuti**
- Porzioni **4**

INGREDIENTI

- 500 g carne macinata bovino
- 1 uovo
- 100 g Pangrattato
- 3-4 foglie basilico fresco
- 50 g parmigiano grattugiato
- q.b. Sale fino
- q.b. pepe nero

Per il ripieno

- 100 g Prosciutto cotto
- 3 fette formaggio emmental
- 4 cucchiai Passata di pomodoro
- 150 g provola

PREPARAZIONE

Unite l'uovo, il pangrattato, il basilico tritato, il parmigiano, sale e pepe.

Impastate con le mani in modo da amalgamare perfettamente tutti gli ingredienti. Se preferite, al posto del pane grattugiato potete usare mollica di pane raffermo bagnata e strizzata. Dividete l'impasto in due parti uguali. Foderate uno stampo da 22 cm con carta forno e stendete la prima metà di impasto sul fondo. Farcite con prosciutto cotto a fette, emmental, provola a fette e, se ne avete, qualche cucchiaio di besciamella. Aggiungete foglioline di basilico. Coprite con l'altra metà di impasto aggiungendone poco alla volta fino a chiuderla completamente. In superficie aggiungete qualche cucchiaio di passata di pomodoro, basilico e cubetti di provola.

COTTURA IN FRIGGITRICE AD ARIA

Usate uno stampo che vada perfettamente nel cestello: sistemate lo stampo e fate cuocere a 180° per circa 10 minuti e ulteriori 5 minuti a 200° fino a completa gratinatura.

COTTURA FETTINE DI BACON ABBRUSTOLITE IN FRIGGITRICE AD ARIA

Accendere la friggitrice ad aria, regolare a 160°. Posizionare il bacon nella friggitrice preriscaldata e cuocere per 10 minuti circa.

FETTINE DI BACON ABBRUSTOLITE

- Difficoltà **Molto facile**
- Preparazione **5 Minuti**
- Tempo di cottura **10 Minuti**
- Porzioni **2**

INGREDIENTI

- 13 g di zucchero di canna
- 5 g di peperoncino in polvere
- 1 g di cumino macinato
- 1 g di pepe nero
- 4 fette di pancetta

PREPARAZIONE

Mescolare insieme i condimenti fino a quando non sono ben combinati.
Aggiungere il bacon nel condimento fino a quando non è completamente ricoperto e mettere da parte.

PESCE

CROCCHETTE DI MERLUZZO

- Difficoltà **Molto facile**
- Tempo di preparazione **10 Minuti**
- Tempo di cottura **8 Minuti**
- Porzioni **4**

INGREDIENTI

- 450 g di merluzzo
- 30 g di farina per tutti gli usi
- 7 g di condimento Old Bay
- 2 uova sbattute
- 180 g di pangrattato

PREPARAZIONE

Tagliare il pesce in strisce lunghe 38 x 13 mm. Mescolare insieme la farina e il condimento Old Bay in una ciotola.
Ricoprire ogni pezzo di pesce con la farina stagionata, poi immergere le uova sbattute e arrotolare il pangrattato.

COTTURA CROCCHETTE DI MERLUZZO IN FRIGGITRICE AD ARIA

Accendere la friggitrice ad aria e impostare la temperatura a 180°. Selezionare Cibi Surgelati, regolare il tempo a 8 minuti e premere Avvia. Scuotere i cestelli a metà cottura. Servire con salsa tartara.

TORTINE CON POLPA DI GRANCHIO

- Difficoltà **Media**
- Preparazione **40 Minuti**
- Tempo di cottura **10 Minuti**
- Porzioni **3**

INGREDIENTI

- SALSA REMOULADE
- 55 g di Maionese
- 15g di capperi, lavati e scolati
- 5 g sottaceti dolci e tritati
- 5 g di cipolla rossa tagliate a dadini
- 8 ml di succo di limone
- 8 g di mostarda di Digione
- Sale e pepe, a piacere

TORTINE DI GRANCHIO

- uovo grande sbattuto Maionese da 17 g
- 11 g di mostarda di Digione
- 5 ml di salsa Worcestershire
- 2 g di condimento Old Bay
- 2 g di sale
- Un pizzico di pepe bianco
- Un pizzico di pepe di cayenna
- 26 g di sedano tagliati a dadini
- 45 g di peperone rosso
- 8 g di prezzemolo fresco
- 227 g di polpa di granchio
- 28 g di pangrattato

PREPARAZIONE

Mescolare insieme gli ingredienti rémoulade fino a quando sono ben incorporati ed accantonare.
Sbattere insieme l'uovo, la maionese, la senape, il Worcestershire, l'Old Bay, il sale, il pepe bianco, il pepe di Cayenna, il sedano, il peperone e il prezzemolo.
Sfaldare delicatamente la polpa di granchio nella miscela di uova e piegare insieme fino a quando è ben miscelata.
Cospargere il pangrattato sulla miscela di granchio e piegare delicatamente fino a incorporare il pangrattato.
Formare la miscela di granchi in 4 tortini per dolci e lasciarli raffreddare in frigorifero per 30 minuti.

COTTURA IN FRIGGITRICE AD ARIA

Accendere la friggitrice ad aria.
Rivestire il cestello interno preriscaldato con un foglio di carta da forno.

Spruzzare i cestelli con uno spray da cucina e adagiare le tortine delicatamente sulla carta. Cuocere le torte di granchio a 205° per 8 minuti fino a doratura.
Girare le torte di granchio a metà cottura.
Servire con la rémoulade.

GAMBERETTI IN STILE ASIATICO

- Difficoltà **Facile**
- Preparazione **5 Minuti**
- Tempo di cottura **5 Minuti**
- Porzioni **3**

INGREDIENTI

- 6 g di sale
- 2 g di paprika affumicata
- 2 g di aglio in polvere
- 2 g di condimento italiano
- 2 g di peperoncino in polvere
- 1 cipolla in polvere
- 1 g di pepe di Caienna
- 1 g di pepe nero
- 1 g di timo essiccato
- 450 g di gamberetti
- 30 ml di olio d'oliva e lime

PREPARAZIONE

Unire tutti i condimenti in una grande ciotola e mettere da parte.
Passare i gamberetti con olio d'oliva fino finché i non saranno ricoperti uniformemente. Cospargere il composto del condimento sui gamberetti e mescolare finché non sono ben coperti.

COTTURA IN FRIGGITRICE AD ARIA

Accendere la friggitrice ad aria e impostare la temperatura a 190°. Mettere i gamberetti nella friggitrice preriscaldata.
Selezionare Gamberetto, regolare il tempo a 5 minuti e premere Avvia.
Scuotere i cestelli a metà cottura.
Servire con spicchi di lime.

SALMONE AL LIMONE

- Difficoltà **Molto facile**
- Preparazione **5 Minuti**
- Tempo di cottura **10 Minuti**
- Porzioni **2**

INGREDIENTI

- 2 fletti di salmone
- Q.b. Sale e pepe
- 30 g di burro
- 30 ml di succo di limone fresco
- 1 spicchio d'aglio grattugiato
- 5 ml di salsa Worcestershire

PREPARAZIONE

Condire il salmone a piacere con sale e pepe. Unire il burro, il succo di limone, l'aglio e la salsa Worcestershire e cuocere a fuoco basso.

COTTURA SALMONE AL LIMONE IN FRIGGITRICE AD ARIA

Accendere la friggitrice ad aria e impostare la temperatura a 180°. Spruzzare i cestelli della friggitrice preriscaldata con uno spray da cucina e mettere il pesce all'interno. Cuocere per circa 10 minuti.

COUS COUS GAMBERI E ZUCCHINE

- Difficoltà **Facile**
- Preparazione **15 Minuti**
- Tempo di cottura **20 Minuti**
- Porzioni **2**

INGREDIENTI

- 180 g cous cous
- 1 zucchina
- 150 g gamberi
- 4 foglie menta
- ½limone
- q.b. olio di oliva
- q.b. sale fino

PREPARAZIONE

Mettete a cuocere il cous cous che dovrà intiepidirsi. Seguite le istruzioni riportate sulla confezione del cous cous, unita ad un po' di olio di oliva.

Preparate il condimento. Lavate le zucchine e spuntatele poi affettatele sottilmente con un coltello.

COTTURA IN FRIGGITRICE AD ARIA

Mettetele sul cestello della friggitrice ad aria e conditele con qualche goccia di olio di oliva. Cuocetele a 200° per 8 minuti girandole un paio di volte. Conditele con menta e sale.

SALMONE GRATINATO

- Difficoltà **Molto facile**
- Preparazione **10 Minuti**
- Tempo di cottura **14 Minuti**
- Porzioni **2**

INGREDIENTI

- 2 tranci di salmone
- 100 g mollica di pane integrale
- ½ limone (succo e scorza)
- q.b. Erbe aromatiche
- q.b. sale fino
- q.b. olio

PREPARAZIONE

Mettete in ammollo il pane, se necessario, altrimenti sbriciolatelo direttamente in una ciotola. Bagnatelo con succo di limone ed insaporitelo con erbe aromatiche tritate. Arrotolate il trancio di salmone, portando le codine verso il centro: in questo modo avrete un "disco" di salmone che potete perfettamente gratinare senza che la panatura cada.

COTTURA IN FRIGGITRICE AD ARIA

Adagiate il salmone direttamente sul cestello della friggitrice ad aria, distribuite la panatura in modo uniforme e aggiungete qualche scorzetta di limone.

Azionate la friggitrice ad aria in modalità manuale a 160° per 10 minuti e successivamente per altri 2 minuti a 180° in modo che si perfezioni la gratinatura della mollica.

TRANCIO DI TONNO

- Difficoltà **Molto facile**
- Preparazione **10 Minuti**
- Tempo di cottura **10 Minuti**
- Porzioni **3**

INGREDIENTI

- 1 trancio di tonno
- Q.b. di olio di oliva
- q.b. sale

PREPARAZIONE

Adagiate il trancio di tonno direttamente sul cestello e spruzzatelo con qualche goccia di olio di oliva direttamente in superficie, su ambo i lati.

COTTURA TRANCIO DI TONNO IN FRIGGITRICE AD ARIA

Azionate la friggitrice ad aria a 180° e cuocete per 4 minuti dopodiché giratelo delicatamente e spruzzatelo ancora con qualche puff di olio.

Dopo averlo cotto potete salarlo, peparlo o condirlo con un po' di olio a crudo, limone e prezzemolo.

FRITTURA DI CALAMARI

- Difficoltà **Facile**
- Preparazione **20 Minuti**
- Tempo di cottura **10 Minuti**
- Porzioni **2**

INGREDIENTI

- 300 g calamari freschi
- q.b. di olio di semi
- q.b. farina 0 o di semola
- q.b. sale

PREPARAZIONE

Prima di tutto pulite i calamari, a meno che non lo facciano per voi in pescheria al momento dell'acquisto.

Sciacquateli sotto acqua corrente. Staccate la testa eliminando tutto il corpo centrale, tenetela da parte. Pulite internamente, eliminando le interiora e risciacquando bene. Tagliateli, quindi, ad anellini. In un sacchetto di plastica mettete la farina e immergete parte dei calamari che avrete asciugato dall'acqua in eccesso.

COTTURA IN FRIGGITRICE AD ARIA

Mettete un po' di olio ne cestello e adagiate i calamari non sovrapponendoli: piuttosto cuoceteli in più riprese.

Spruzzate i calamari con qualche puff di olio usando un nebulizzatore oppure olio spray. Cuocete a 200° per 7-8 minuti a seconda della dimensione e dello spessore dei calamari.

ALICI FRITTE

- Difficoltà **Facile**
- Preparazione **30 Minuti**
- Tempo di cottura **8 Minuti**
- Porzioni **2**

INGREDIENTI

- 250 g alici fresche
- q.b. farina 00
- q.b. sale fino
- q.b. di olio

PREPARAZIONE

Pulite le alici eliminando la testa e le interiora, potete lasciare la lisca per questo metodo di cottura.

Sciacquatele bene sotto acqua corrente e mettete in un colino così che perdano l'eccesso di acqua.

Mettete in un sacchetto per alimenti la farina, non eccessivamente in quanto andrete ad infarinarle un po' per volta.

COTTURA ALICI FRITTE IN FRIGGITRICE AD ARIA

Per cuocerle in maniera perfetta spruzzate un paio di puff di olio direttamente sul cestello così da evitare che possano attaccarsi sul fondo.

Accendete la friggitrice ad aria a 200° e cuocete per 7-8 minuti a seconda della dimensione. Dopo qualche minuto, fate qualche altro puff di olio così da renderle perfettamente dorate.

SALMONE GLASSATO

- Difficoltà **Molto facile**
- Tempo di preparazione **10 Minuti**
- Tempo di cottura **10 Minuti**
- Porzioni **2**

INGREDIENTI
SALSA

- 120 ml di salsa di soia
- 50 g di zucchero
- 1 g di zenzero grattugiato
- spicchio d'aglio schiacciato
- 60 ml di succo d'arancia

SALMONE

- 2 fletti di salmone (5 once)
- 20 ml di olio vegetale
- Sale e pepe bianco

PREPARAZIONE

Unire tutti gli ingredienti della salsa Teriyaki in un piccolo contenitore per la salsa.

Portare ad ebollizione la salsa, ridurre della metà e poi lasciarla raffreddare.

COTTURA SALMONE GLASSATO IN FRIGGITRICE AD ARIA

Accendere la friggitrice ad aria ed impostare la temperatura a 180°.

Ricoprire il salmone con olio e condire con sale e pepe bianco.

Mettere il salmone nella friggitrice preriscaldata con la pelle rivolta verso il basso. Selezionare *Frutti di mare*, regolare a 8 minuti e premere *Avvia*.

Al termine, rimuovere il salmone dalla friggitrice e lasciare riposare per 5 minuti, poi glassare con la salsa.

Servire su un letto di riso bianco o con verdure grigliate.

TACOS DI PESCE ALLA GRIGLIA

- Difficoltà **Facile**
- Preparazione **10 Minuti**
- Tempo di cottura **8 Minuti**
- Porzioni **4**

INGREDIENTI

- 450 g di tilapia a fettine
- 50 gr di farina gialla di mais
- 1 g di cumino macinato
- 1 g di peperoncino in polvere
- 2 g di aglio in polvere
- 1 cipolla in polvere
- 3 g di sale
- 1 g di pepe nero
- Spicchi di lime per servire

PREPARAZIONE

Tagliare la tilapia in strisce.

Mescolare insieme la farina di mais e i condimenti in un piatto fondo.

Rivestire le strisce di pesce con la farina di mais stagionata e mettere da parte in frigo.

COTTURA TACOS DI PESCE IN FRIGGITRICE AD ARIA

Accendere la friggitrice ad aria ed impostare la temperatura a 180°.

Spruzzare abbondantemente il pesce ricoperto con uno spray da cucina e metterlo nella friggitrice preriscaldata.

Selezionare Frutti di mare, regolare il tempo a 8 minuti e premere Avvia.

Capovolgere il pesce a metà cottura.

Servire il pesce con fettine di lime.

TONNO IN SCATOLA CON SALSA CHIPOTLE

- Difficoltà **Molto facile**
- Preparazione **10 Minuti**
- Tempo di cottura **8 Minuti**
- Porzioni **2**

INGREDIENTI

- 1 Scatoletta di tonno da 140g
- Chipotle da 45 g
- 4 fette di pane
- 2 fette di sottiletta

PREPARAZIONE

Mescolare la salsa di tonno e Chipotle.

Distribuire metà del mix di tonno Chipotle su ciascuna delle 2 fette di pane.

Aggiungere una fetta di formaggio su ciascuna fetta e poi aggiungere le restanti 2 fette facendo 2 panini.

COTTURA IN FRIGGITRICE AD ARIA

Accendere la friggitrice ad aria e impostare la temperatura a 160°. Mettere i panini nella friggitrice preriscaldata.

Selezionare *Pane* e regolare il tempo a 8 minuti. Tagliare e servire.

PESCE SPADA ORIENTALE

- Difficoltà **Facile**
- Preparazione **5 Minuti**
- Tempo di cottura **10 Minuti**
- Porzioni **2**

INGREDIENTI

- 5 g di paprika
- 2 g di cipolle
- 2 g di timo essiccato a terra
- 1 g di pepe nero macinato
- 1 g di pepe di Caienna
- 1 g di basilico essiccato
- 1 g di origano essiccato
- 2 filetti di pesce spada (c.a 400g)

PREPARAZIONE

Mescolare tutti i condimenti insieme in una ciotola. Ricoprire il pesce su ciascun lato con il mix del condimento.

COTTURA IN FRIGGITRICE AD ARIA

Accendere la friggitrice ad aria e impostare la temperatura a 180°. Selezionare *Frutti di mare* e premere *Avvia*. Togliere con cura una volta terminata la cottura e servire.

GAMBERI AL COCCO

- Difficoltà **Molto facile**
- Preparazione **10 Minuti**
- Tempo di cottura **10 Minuti**
- Porzioni **3**

INGREDIENTI

- 30 g di farina per tutti gli usi
- 5 g di sale
- 1 g di pepe nero
- 1 g di polvere d'aglio
- 2 g di paprika
- 2 uova grandi sbattute
- 15 ml di latte
- 30 g di pangrattato
- 40 g di cocco in fiocchi
- 200 g di gamberetti grandi sbucciati

PREPARAZIONE

Mescolare la farina e metà dei condimenti e delle spezie insieme in una ciotola. Sbattere insieme le uova e il latte in una ciotola separata. Unire il pangrattato, la noce di cocco e l'altra metà dei condimenti e delle spezie in una ciotola aggiuntiva.

Inumidire i gamberetti con la farina, poi immergerli nell'uovo ed arrotolare il pangrattato e il cocco. Immergere di nuovo nell'uovo e nelle briciole e mettere da parte.

COTTURA GAMBERI AL COCCO IN FRIGGITRICE AD ARIA

Accendere la friggitrice ad aria e impostare la temperatura a 180°.
Aggiungere i gamberetti nella friggitrice preriscaldata.
Selezionare Cibi Surgelati, regolare il tempo a 8 minuti e premere Avvia.
Capovolgere i gamberetti a metà cottura.

GAMBERI AL BACON

- Difficoltà **Facile**
- Preparazione **10 Minuti**
- Tempo di cottura **18 Minuti**
- Porzioni **4**

INGREDIENTI

- 16 gamberi giganti sbucciati
- 3 g di aglio in polvere
- 2 g di paprika
- 2 g di cipolle in polvere
- 1 g di pepe nero macinato
- 8 strisce di bacon

PREPARAZIONE

Mettere i gamberi giganti in una ciotola e condire con le spezie. Avvolgere il bacon intorno ai gamberi iniziando dall'alto fino alla coda e fissandoli con uno stuzzicadenti.

COTTURA GAMBERI AL BACON IN FRIGGITRICE AD ARIA

Accendere la friggitrice ad aria e impostare la temperatura a 160°.
Selezionare Bacon e premere Avvia. Al termine della cottura e mettere da parte.
Scolare il grasso in eccesso e servire.

FISH AND CHIPS

- Difficoltà **Molto facile**
- Preparazione **10 Minuti**
- Tempo di cottura **15 Minuti**
- Porzioni **2**

INGREDIENTI

- 200 grammi di filetto di merluzzo
- 1 uovo
- 300 grammi di patate rosse
- 30 grammi di pane grattugiato
- 1 cucchiaio di olio vegetale
- Mezzo cucchiaio di succo di limone
- Sale q.b.
- Pepe q.b.

PREPARAZIONE

Tagliare i 200 grammi di filetto di pesce, preferibilmente merluzzo, in parti uguali e condirlo. Per il condimento bisogna usare il succo di limone, il sale ed il pepe. Lasciare il filetto condito a riposare e a prendere sapore per circa cinque minuti.

Preparare ora gli ingredienti per l'impanatura, sbattendo l'uovo e ponendo il pane grattugiato su un piatto da portata. Per impanare il filetto è sufficiente immergere ogni singolo pezzo di pesce nell'uovo, ricoprendo lo stesso pezzo con il pane grattugiato.

Per la preparazione delle patate, bisogna sbucciare le patate e tagliarle in bastoncini dal diametro di sei o sette millimetri.

COTTURA FISH AND CHIPS IN FRIGGITRICE AD ARIA

Preriscaldate la friggitrice, impostando la temperatura di 180°. Iniziate prima la cottura del filetto di pesce e solo in seguito preoccuparsi della frittura delle patate.

Le patate devono essere aggiunte nel cestello della friggitrice senza olio, insieme al pesce che sta già friggendo, dopo cinque minuti dall'inizio della cottura.

Continuare a friggere il filetto di pesce e le patate fino a quando acquistano un aspetto dorato.

PESCE SPADA GRATINATO

- Difficoltà **Media**
- Preparazione **10 Minuti**
- Tempo di cottura **15 Minuti**
- Porzioni **4**

INGREDIENTI

- 4 fette di pesce spada
- 1 bicchiere di vino bianco
- 1 rametto di rosmarino
- 2 spicchi di aglio
- 4 fette di pane raffermo
- q.b. sale
- q.b. pepe
- q.b. di erba cipollina
- 1 pizzico di paprika
- q.b. olio di oliva
- 6 cucchiai di mandorle

PREPARAZIONE

Togliere il pesce spada dal liquido di marinatura e trasferirlo in un piatto. Se si utilizza pesce spada surgelato non marinato, dovrà essere gratinato solo una volta che si sarà scongelato.

Versare il pane raffermo in un tritatutto, aggiungere mandorle sale, pepe, aglio in polvere (o uno spicchio di aglio fresco), tre cucchiai di olio di oliva, un pizzico di paprika e un po' di erba cipollina e tritare il tutto. Salare le fette di pesce spada e poi distribuire la gratinatura sulla superficie di ciascuna fetta di pesce spada.

COTTURA IN FRIGGITRICE AD ARIA

Disporre le fette di pesce spada gratinato sulla griglia della friggitrice ad aria, posizionare la vaschetta di raccolta sulla base della friggitrice e poi collocare nella friggitrice anche il pesce spada.

Cuocere il pesce spada gratinato alla temperatura di 165° per circa 12-15 minuti, in base allo spessore delle fette di pesce.

CONTORNI

UOVO E PANCETTA

- Difficoltà **Molto facile**
- Preparazione **5 Minuti**
- Tempo di cottura **15 Minuti**
- Porzioni **3**

INGREDIENTI

- 3 uova
- 6 fette di pancetta affumicata
- 60 g di spinaci lavati
- 120 ml di panna
- 15 g di parmigiano grattugiato
- Sale e pepe a piacere

PREPARAZIONE

Preparare degli stampi da c.a. 10 cm di diametro e aggiungere un uovo in ognuno di essi. Cuocere la pancetta in una padella finché non diventa croccante, circa 5 minuti. Aggiungere gli spinaci e cuocere finché non si ammollano, circa 2 minuti.
Mescolare la panna e il parmigiano grattugiato. Cuocere per 2 o 3 minuti.
Versare la miscela di crema sulle uova.

COTTURA UOVO E PANCETTA IN FRIGGITRICE AD ARIA

Accendere la friggitrice ad aria e impostare la temperatura a 175°.
Mettere gli stampini nella friggitrice ad aria preriscaldata e cuocere per 4 minuti a 175°, finché l'albume è completamente fissato. Condire a piacere con sale e pepe.

CROSTINI DI PANE PARIGINI

- Difficoltà **Facile**
- Preparazione **10 Minuti**
- Tempo di cottura **10 Minuti**
- Porzioni **4**

INGREDIENTI

- 4 fette di pane bianco
- 2 uova
- 60 ml di latte
- 15 ml di sciroppo d'acero
- 2 ml di estratto di vaniglia
- Spray da cucina antiaderente
- 38 g di zucchero
- 3 g di cannella in polvere
- Sciroppo d'acero, per servire
- Zucchero in polvere

PREPARAZIONE

Tagliare ogni fetta di pane in 3 pezzi per 12 pezzi. Mettere da parte.
Sbattere insieme le uova, il latte, lo sciroppo d'acero, e vaniglia.

COTTURA CROSTINI DI PANE PARIGINI IN FRIGGITRICE AD ARIA

Accendere la friggitrice ad aria e impostare la temperatura a 180°.
Immergere i bastoncini nel composto di uova e disporli nella friggitrice ad aria preriscaldata. Cuocere i bastoncini per 10 minuti a 180° C. Girare i bastoncini a metà cottura. Mescolare insieme in una ciotola lo zucchero e la cannella.
Rivestire i bastoncini della miscela di zucchero alla cannella quando sono cotti.
Servire con sciroppo d'acero e polvere di zucchero a velo.

PIZZETTE AI PEPERONI

- Difficoltà **Molto facile**
- Preparazione **5 Minuti**
- Tempo di cottura **10 Minuti**
- Porzioni **1**

INGREDIENTI

- 1 impasto per pizza pre-confezionato
- Olio d'oliva, per spazzolare

- 60 g di salsa marinara
- 5-6 fettine di peperoni
- 80 g di mozzarella grattugiata
- 25 g di parmigiano reggiano

PREPARAZIONE

Spazzolare la parte superiore della pizza con l'olio d'oliva.

COTTURA PIZZETTE AI PEPERONI IN FRIGGITRICE AD ARIA

Accendere la friggitrice ad aria e impostare la temperatura a 160°.

Mettere la pizza nella friggitrice preriscaldata e cuocere per 10 minuti a 160°. Aggiungere la salsa marinara, le fette di peperoni, la mozzarella e il parmigiano gli ultimi 5 minuti e terminare la cottura.

PIZZETTE RIPIENE PEPERONI E PROSCIUTTO COTTO

- Difficoltà **Facile**
- Preparazione **50 Minuti**
- Tempo di cottura **20 Minuti**
- Porzioni **4**

INGREDIENTI

- 300 g di impasto per pizza con farina 00
- 8 fette di prosciutto cotto
- 3 fette di formaggio provolone
- 3 fette di mozzarella
- 50 g di peperoni rossi arrostiti e tritati
- 1 g di condimento italiano
- 1 uovo sbattuto
- 15 ml di latte
- 1 g di sale
- 1 g di origano essiccato
- 1 g di aglio in polvere
- 1 g di pepe nero

PREPARAZIONE

Lasciare riposare l'impasto a temperatura ambiente per 30 minuti.

Spolverare l'impasto con la farina e stenderlo con uno spessore di 6 mm.

Disporre il prosciutto, i formaggi, i peperoni e il condimento italiano su metà dell'impasto. Piegare per sigillare.

Mescolare l'uovo e il latte insieme. Spennellare la parte superiore dell'impasto con il lavaggio delle uova.

Cospargere di sale, origano, aglio in polvere e pepe.

COTTURA IN FRIGGITRICE AD ARIA

Accendere la friggitrice ad aria e impostare la temperatura a 180°.

Mettere le pizzette nella friggitrice preriscaldata. Cuocere a 180° per 20 minuti e capovolgere le pizzette ogni 5 minuti durante la cottura.

SFOGLIA RADICCHIO SPECK E GORGONZOLA

- Difficoltà **Molto facile**
- Preparazione **10 Minuti**
- Tempo di cottura **30 Minuti**
- Porzioni **4**

INGREDIENTI

- 1 rotolo di pasta sfoglia
- 100 g di speck
- 150 g di gorgonzola
- 4 foglie di radicchio
- q.b. semi di papavero

PREPARAZIONE

Lavate le foglie di **radicchio** e asciugatele con un panno pulito. Sminuzzatele con un coltello. Srotolate la **pasta sfoglia** sul piano di lavoro, lasciando la carta forno sottostante. Al centro della sfoglia, adagiate le fette di **speck**, formando un rettangolo centrale. Aggiungete poi le fette di **taleggio** e il **radicchio**. Chiudete la sfoglia riportando i lembi esterni sul ripieno. Cospargete la sfoglia con **semi di papavero o semi di sesamo.**

COTTURA IN FRIGGITRICE AD ARIA

Acendere la friggitrice ad aria e impostare la temperatura a 200°. Adagiatela su carta forno e cuocete **per circa 20 minuti**, verificando che sul fondo sia ben cotta, in tal caso togliete la carta forno.

BROCCOLI GRATINATI

- Difficoltà **Molto facile**
- Preparazione **15 Minuti**
- Tempo di cottura **30 Minuti**
- Porzioni **4**

INGREDIENTI

- 1 broccolo (circa 400 g)
- 1 spicchio d'aglio
- 2 fette di pane
- q.b. di olio di oliva
- q.b. di peperoncino
- q.b. di sale fino

PREPARAZIONE

Pulite il broccolo eliminando il gambo e ricavandone le cimette in superficie. Incidete il gambo facendo una croce, così da velocizzare anche la cottura. **Cuocete il broccolo a vapore** oppure in abbondante acqua salata, nel metodo tradizionale.

Quando sarà cotto, **scolatelo ed eliminate l'acqua in eccesso.** Tagliate il pane a cubetti oppure sbriciolatelo. Insaporitelo con aromi e peperoncino. Mescolate. In una padella fate soffriggere l'aglio con il peperoncino e l'olio di oliva.

COTTURA BROCCOLI GRATINATI IN FRIGGITRICE AD ARIA

Unite i broccoli e il pane e fate saltare per qualche minuto così da farli insaporire. Dopo qualche minuto mettete tutto in una pirofila e fate gratinare in **friggitrice ad aria** a 200° per 5 minuti.

PATATE SPECK NOCI E GORGONZOLA

- Difficoltà **Molto facile**
- Preparazione **30 Minuti**
- Tempo di cottura **40 Minuti**
- Porzioni **2**

INGREDIENTI

- 3 / 4 patate
- 100 g di speck
- 80 g di gorgonzola
- 10 noci
- q.b. sale fino
- q.b. pepe nero

PREPARAZIONE

Lessate le patate in abbondante acqua salata oppure cuocetele al **vapore**. Appena saranno morbide anche all'interno **scolatele e fatele intiepidire.** Tagliatele in due nel senso della lunghezza e con un cucchiaino o uno scavino **svuotatele** delicatamente, avendo cura di non romperle. Mettete le patate ricavate in una ciotola, schiacciatele con una forchetta in modo da ridurle in purea. Unite **sale e pepe**, **speck** a listarelle e il **gorgonzola** ammorbidito.

Unite i **gherigli di noce** sbriciolati e mescolate per amalgamare bene tutti gli ingredienti. Potrete aggiungere delle erbe aromatiche oppure un po' di olio di oliva. Con il **ripieno** ottenuto riempite le barchette di patate, su ciascuna patata unite un cucchiaino di gorgonzola e procedete alla cottura.

COTTURA PATATE SPECK NOCI E GORGONZOLA IN FRIGGITRICE AD ARIA

In friggitrice ad aria: adagiate le patate direttamente sul cestello della air fryer e cuocetele a **200° per circa 8 minuti** fino a doratura.

TORTINA MELANZANE E ZUCCHINE

- Difficoltà **Molto facile**
- Preparazione **10 Minuti**
- Tempo di cottura **30 Minuti**
- Porzioni **3 / 4**

INGREDIENTI

- 2 zucchine
- 2 melanzane
- 300 ml di passata di pomodoro
- 200 g di provolone a fette
- 40 g di parmigiano grattugiato
- q.b. di basilico fresco
- q.b. di origano
- q.b. olio di oliva
- q.b. sale fino

PREPARAZIONE

Lavate le zucchine e le melanzane, spuntatele alle estremità e tagliatele a rondelle di circa mezzo centimetro. Preparate la panatura al parmigiano usando le proporzioni che più preferite tra gli ingredienti e le erbe aromatiche che avete a disposizione. Mettete zucchine e melanzane in una ciotola, spruzzatele con qualche puff di olio (altrimenti potrete non aggiungerlo) e cospargetele con la panatura. Unite anche un pizzico di sale e mescolate in modo che distribuirla in maniera uniforme.

COTTURA DELLA TORTINA DI MELANZANE IN FRIGGITRICE AD ARIA

Distribuite le **verdure** direttamente sul cestello della friggitrice ad aria, **senza carta forno**. Spruzzate con olio di oliva usando il nebulizzatore. **Cuocete a 200° per 8 minuti**, senza girarle o mescolare. Verificate sempre che siano cotte, altrimenti prolungate i tempi di cottura.

HAMBURGER PATATE E ZUCCHINE

- Difficoltà **Molto facile**
- preparazione **20 Minuti**
- Tempo di cottura **15 Minuti**
- Porzioni **4**

INGREDIENTI

- 2 zucchine
- 3 patate
- 1 uovo
- 50 g di prosciutto crudo
- 100 g di mozzarella
- 50 g di farina
- 30 g di pangrattato
- 2 cucchiai di parmigiano
- 1 uovo per la panatura
- q.b. di pangrattato
- q.b. olio di oliva
- q.b. sale fino
- q.b. pepe nero

PREPARAZIONE

Pelate le patate, lavatele e grattugiatele a mano. Spuntate le **zucchine** dopo averle lavate e grattugiatele allo stesso modo delle patate. Unite zucchine e patate in una ciotola, aggiungete l'uovo intero, il parmigiano, sale e pepe, e poco alla volta farina e pangrattato fino ad ottenere un composto morbido e lavorabile, per poter fare crocchette e burger.
Aiutandovi con un coppapasta adagiato su carta forno, riempite il fondo poi farcite con prosciutto crudo e mozzarella a fette, coprite con altro impasto e togliete il coppapasta. Sigillate bene i bordi del burger e passatelo poi nel pangrattato.

COTTURA IN FRIGGITRICE AD ARIA

Adagiate i burger su pezzetti di carta forno e spruzzateli con olio di oliva. Cuoceteli a 200° per i primi 5 minuti, poi potrete eliminare la carta forno, girarli e procedete con altri 5 minuti di cottura o fino a che non risultano dorati.

PATATE SPECK E PACHINI

- Difficoltà **Molto facile**
- Preparazione **15 Minuti**
- Tempo di cottura **10 Minuti**
- Porzioni **2**

INGREDIENTI

- 15/20 pomodori pachini
- 100 g di speck
- q.b. di origano
- q.b. di timo
- q.b. pepe nero
- q.b. sale fino
- olio di oliva

PREPARAZIONE

Lavate bene le patate in quanto andranno cotte senza pelarle, ma se preferite potete pelarle. Tagliatele a mezzaluna o nel formato che più preferite. Cercate di ottenere delle fette dello stesso spessore, senza tagliarle molto spesse. Mettete le patate in una ciotola e conditele con un cucchiaino di olio di oliva, origano, timo, pepe e sale fino. Mescolate bene per condirle in maniera uniforme. Lavate i pomodorini e tagliateli in due parti. A parte, in una ciotolina, mettete i pomodorini e conditeli con sale e origano, dopodiché uniteli alle patate.

COTTURA PATATE SPECK E PACHINI IN FRIGGITRICE AD ARIA

Accendete la friggitrice ad aria e impostate la temperatura a 200°. Distribuite le patate e i pomodorini direttamente sul cestello della friggitrice ad aria. Cuocete per **8 minuti a 200°** girandole a metà cottura. A questo punto unite lo speck e proseguite per altri **2 minuti** fino a che non sarà rosolato.

PANZEROTTI DI PATATE

- Difficoltà **Molto facile**
- Tempo di preparazione **20 Minuti**
- Tempo di cottura **10 Minuti**
- Porzioni **3**

INGREDIENTI

- 450 g di patate lesse
- 150 g di farina 00
- 40 g di parmigiano grattugiato
- 1 ciuffo di prezzemolo
- q.b. sale fino
- q.b. olio di oliva
- q.b. di pangrattato

Per il Ripieno

- q.b. di prosciutto crudo
- q.b. di formaggio a fette

PREPARAZIONE

Lessate le **patate** in acqua bollente salata, pelandole prima o dopo la cottura. Se preferite, potete cuocerle al **microonde** oppure al **vapore** con una vaporiera. **Dopo la cottura**, appena risulteranno morbide al cuore, schiacciatele con uno schiacciapatate per ridurle in purea. Fatele intiepidire.

In una ciotola mettete le **patate lesse**, aggiungete la farina, il ciuffetto di **prezzemolo** tritato, il **parmigiano** e un pizzico di **sale**. Impastate in modo da ottenere un panetto asciutto e morbido, ben compatto ed amalgamato.

Srotolate un foglio di carta forno, cospargetelo di pangrattato, adagiate al centro il panetto di patate e ponete su di esso un altro foglio di carta forno. Con un matterello stendete l'impasto in modo da ottenere una sfoglia di circa mezzo centimetro.

Ritagliate dei dischetti con l'uso di uno stampino per biscotti o coppapasta. Farcite ogni dischetto con prosciutto e formaggio, poi chiudetelo a mezzaluna sigillando bene i bordi: l'impasto di patate permette di chiuderli benissimo, essendo molto lavorabile. Infine, passatelo nel pangrattato in modo che aderisca.

COTTURA PANZEROTTI DI PATATE IN FRIGGITRICE AD ARIA

Accendete la friggitrice ad aria e impostate la temperatura a 200°.
Adagiateli sul cestello della air fryer, spruzzateli con olio di oliva in superficie e cuoceteli a 200° per 10 minuti, appena sono dorati potete girarli sull'altro lato, spruzzarli nuovamente di olio e proseguire fino a doratura

FORMAGGIO ALLA GRIGLIA

- Difficoltà **Molto facile**

- Preparazione **10 Minuti**

- Tempo di cottura **10 Minuti**

- Porzioni **2**

INGREDIENTI
- 40 g di burro fuso

- 4 fette di pane bianco

- 60 g di formaggio Cheddar

PREPARAZIONE
Spennellare il burro su ciascun lato delle fette di pane.
Spalmare il formaggio uniformemente su 2 fette di pane e aggiungere le fette rimanenti per preparare 2 panini.

COTTURA FORMAGGIO ALLA GRIGLIA IN FRIGGITRICE AD ARIA
Accendere la friggitrice ad aria e impostare la temperatura a 160°.
Mettere i panini nella friggitrice preriscaldata.
Selezionare Pane e premere Avvia.
Tagliare in diagonale e servire.

COTOLETTA DI MELANZANE

- Difficoltà **Molto facile**
- Preparazione **10 Minuti**
- Tempo di cottura **10 Minuti**
- Porzioni **2**

INGREDIENTI
- 1 uovo battuto
- 15 ml di latte
- 100 g mollica di pane all'italiana
- 1 g di pepe nero
- 1 melanzana tagliata a fette spesse
- 60 g di farina 00
- Q.b. Olio d'oliva
- Q.b. sale e pepe

PREPARAZIONE
Sbattere insieme l'uovo e il latte in un piatto. Unire il pangrattato, il sale e il pepe in un piatto separato. Tagliare le melanzane a fette. Ricoprire le fette di melanzane con la farina, poi immergerle nell'uovo e arrotolare il pangrattato.

COTTURA IN FRIGGITRICE AD ARIA
Accendere la friggitrice ad aria e impostare la temperatura a 200°.
Spazzolare ciascun lato delle fette di melanzana con olio d'oliva.
Mettere le melanzane impanate nella friggitrice preriscaldata in un unico strato e cuocere a 200° C per 10 minuti. Capovolgere la melanzana a metà cottura.

TOFU CROCCANTE

- Difficoltà **Molto facile**
- Preparazione **20 Minuti**
- Tempo di cottura **20 Minuti**
- Porzioni **2**

INGREDIENTI
- Tofu secco c.a. 200g

- 30 ml di salsa di soia
- 10 ml di aceto di riso
- 10 ml di olio di sesamo
- 40 g di amido di mais

PREPARAZIONE

Mescolare insieme il tofu, la salsa di soia, l'aceto di riso e l'olio di sesamo in una ciotola poco profonda e lasciare marinare per 10 minuti. Scolare il tofu della marinata e poi metterlo in amido di mais finché non è ricoperto uniformemente.

COTTURA TOFU CROCCANTE IN FRIGGITRICE AD ARIA

Accendere la friggitrice ad aria e impostare la temperatura a 190°. Mettere il tofu nella friggitrice preriscaldata.
Selezionare Gamberi, regolare il tempo a 20 minuti e premere Avvia/Pausa.
Scuotere i cestini a metà cottura.

UOVO E SALSICCIA

- Difficoltà **Molto facile**
- Tempo di preparazione **15 Minuti**
- Tempo di cottura **15 Minuti**
- Porzioni **4**

INGREDIENTI

- 300 g di salsiccia di maiale tritata
- 2 g di aglio in polvere
- 1 cipolla in polvere
- 1 g di salvia essiccata
- 2 g di sale
- 1 g di pepe nero
- 4 uova bollite e pelate
- 60 g di farina 00
- 1 uovo sbattuto
- 40 g mollica di pane
- Spray da cucina antiaderente

PREPARAZIONE

Mescolare insieme la salsiccia, l'aglio in polvere, la cipolla in polvere, la salvia, il sale e il pepe. Dividere in quattro palle.

Avvolgere la salsiccia intorno a ciascuna delle uova bollite finchè l'uovo non è completamente coperto.
Inumidire le uova coperte di salsiccia con la farina, poi immergerle nell'uovo sbattuto e arrotolare il pangrattato.

COTTURA UOVO E SALSICCIA IN FRIGGITRICE AD ARIA

Accendere la friggitrice ad aria e impostare la temperatura a 175°.
Mettere le uova nella friggitrice preriscaldata. Selezionare Cibi Surgelati, regolare il tempo a 15 minuti e premere Avvia/Pausa. Assicurarsi di capovolgere le uova a metà cottura.

SOTTACETI PANATI

- Difficoltà **Molto facile**
- Preparazione **10 Minuti**
- Tempo di cottura **10 Minuti**
- Porzioni **4**

INGREDIENTI

- 4 sottaceti grandi
- 60 g di farina 00
- 2 uova sbattute
- 25 g di pangrattato
- 2 g di paprika
- 1 g di pepe
- Sale e pepe a piacere

PREPARAZIONE

Asciugare molto bene i sottaceti con un canovaccio da cucina pulito e tagliarli a fette.
Comporre una forma scavata usando 3 ciotole poco profonde. Riempire il primo piatto piano con la farina, poi sbattere le uova nel secondo piatto ed infne unire il pangrattato, le spezie, il sale e il pepe fno a incorporarli nell'ultimo piatto.
Rivestire i sottaceti, immergendoli prima nella farina, poi nell'uovo e successivamente nel pangrattato premendo delicatamente con le mani.

COTTURA SOTTACETI PANATI IN FRIGGITRICE AD ARIA

Accendere la friggitrice ad aria e impostare la temperatura a 180°.

Aggiungere i sottaceti alla friggitrice preriscaldata e cuocere a 180° C per 10 minuti girandoli a metà cottura e, se necessario. Servire con la salsa preferita.

CROCCHETTE DI MOZZARELLA

- Difficoltà **Molto facile**
- Preparazione **10 Minuti**
- Tempo di cottura **10 Minuti**
- Porzioni **3**

INGREDIENTI

- 6 mozzarelle
- 20 g di farina per tutti gli usi
- 3 g di amido di mais
- 3 g di sale
- 1 g di pepe nero
- 2 uova sbattute
- 15 ml di latte
- 50 g di pangrattato
- 1 pizzico di prezzemolo

PREPARAZIONE

Mescolare insieme farina, amido di mais, sale e pepe in una ciotola. Sbattere insieme le uova e il latte in una ciotola separata. Unire il pangrattato e le scaglie di prezzemolo in una ciotola aggiuntiva.

Ricoprire ogni mozzarella con la farina, poi immergerla nell'uovo ed arrotolare nel pangrattato. Mettere le crocchette di mozzarella nella friggitrice preriscaldata.

COTTURA CROCCHETTE DI MOZZARELLA IN FRIGGITRICE AD ARIA

Accendere la friggitrice ad aria e impostare la temperatura a 170°. Selezionare Cibi Surgelati, impostare il tempo per 8 minuti. Scuotere i cestelli a metà cottura. Servire con la salsa di marinara preferita.

CHAMPIGNON RIPIENI

- Difficoltà **Molto facile**
- Preparazione **20 Minuti**
- Tempo di cottura **15 Minuti**
- Porzioni **2**

INGREDIENTI

- 6 funghi champignon
- Q.b. di olio d'oliva
- 1 spicchio d'aglio tritato
- 100 g di salsiccia
- 15 g di pangrattato
- 50 g di mozzarella grattugiata
- 20 g di parmigiano grattugiato
- 4 g di prezzemolo tritato
- Sale e pepe a piacere

PREPARAZIONE

Rimuovere i gambi dei funghi dai cappucci. Tritare i gambi e metterli da parte. Rimuovere con un cucchiaio l'interno dei funghi per creare più spazio per il ripieno. Scaldare una padella con aglio e olio a fuoco medio.

Aggiungere 15 ml di olio d'oliva, steli di funghi tritati. Cuocere per 5 minuti.

Aggiungere la salsiccia e cuocere fino a quando non avrà preso colore, circa 5 minuti, e poi mettere da parte.

Mescolare la salsiccia con il pangrattato, la mozzarella, il parmigiano e il prezzemolo.

Condire a piacere con sale e pepe.

Riempire i funghi e condirli con altra mozzarella.

COTTURA CHAMPIGNON RIPIENI IN FRIGGITRICE AD ARIA

Accendere la friggitrice ad aria e impostare la temperatura a 160°.

Mettere i funghi ripieni nella friggitrice preriscaldata.

Cuocere i funghi a 160° C per 15 minuti.

ASPARAGI E PROSCIUTTO

- Difficoltà **Molto facile**
- Preparazione **10 Minuti**
- Tempo di cottura **10 Minuti**
- Porzioni **3**

INGREDIENTI
- 15 asparagi
- 20 ml di olio d'oliva
- Sale e pepe a piacere
- 15 fette di prosciutto

PREPARAZIONE
Tagliare le estremità legnose degli asparagi e scartarle. Bagnare con l'olio le punte di asparago e condire con sale e pepe.
Avvolgere una fetta di prosciutto intorno ad ogni punta di asparago dall'alto verso il basso e inserire nella friggitrice preriscaldata.

COTTURA IN FRIGGITRICE AD ARIA
Accendere la friggitrice ad aria e impostare la temperatura a 160°.
Selezionare Verdure, impostare il tempo per 10 minuti e premere Avvia.

ZUCCHINE RIPIENE

- Difficoltà **Facile**
- Preparazione **20 Minuti**
- Tempo di cottura **30 Minuti**
- Porzioni **2**

INGREDIENTI
- 2 zucchine
- 120 g di mozzarella
- 10 pomodorini
- 15 olive nere
- 2 cucchiai di parmigiano
- 2 foglie di basilico
- 2 foglie di menta
- q.b. di pangrattato
- q.b. sale fino
- q.b. olio di oliva
- q.b. pepe nero

PREPARAZIONE
Lavate le zucchine e spuntatele alle estremità, poi tagliatele a metà nel senso della lunghezza. Incidetele lungo il contorno in modo da svuotarle, delicatamente per evitare che la parte esterna si possa tagliare.
Prelevate tutta la polpa delle zucchine e sminuzzatela con un coltello, poi mettetela in una ciotola. Lavate i pomodorini e tagliateli in pezzetti piuttosto piccoli. Denocciolate le olive nere. Aggiungete pomodorini e olive alla polpa di zucchine. Unite il parmigiano grattugiato
Condite con olio di oliva, sale, pepe e tritate basilico e menta. Mescolate per far insaporire. Tagliate anche la mozzarella a dadini ed unitela al ripieno. Mettete da parte. Spruzzate l'interno delle zucchine con olio di oliva e cospargete di sale fino.
Riempite tutte le zucchine con il ripieno preparato, cercando di compattarlo in modo tale che sia corposo e non cada fuori. Cospargete la superficie con il pangrattato.

COTTURA ZUCCHINE RIPIENE IN FRIGGITRICE AD ARIA
Adagiate le zucchine ripiene direttamente sul cestello della air fryer senza carta forno o stampi. Cospargete con panatura al parmigiano e puff di olio di oliva. Cuocete a 200° per 12-15 minuti verificando la cottura.

ZUCCHINE E MELANZANE

- Difficoltà **Molto facile**
- Preparazione **20 Minuti**
- Tempo di cottura **10 Minuti**
- Porzioni **2**

INGREDIENTI
- 1 melanzana
- 1 zucchina

- panatura al parmigiano
- q.b. olio di oliva
- q.b. sale fino

PREPARAZIONE

Lavate le zucchine e le melanzane, spuntatele alle estremità e tagliatele a rondelle di circa **mezzo centimetro**: è importante che facciate delle fette che siano delle stesse dimensioni, evitando di farne una troppo sottile e una troppo spessa.

Preparate la panatura al parmigiano usando le proporzioni che più preferite tra gli ingredienti e le erbe aromatiche che avete a disposizione come origano, timo, basilico, prezzemolo, menta.

Mettete zucchine e melanzane in una ciotola, spruzzatele con qualche puff di olio e cospargetele con la panatura. Unite anche un pizzico di sale e mescolate in modo che distribuirla in maniera uniforme.

COTTURA IN FRIGGITRICE AD ARIA

Distribuite le **verdure** direttamente sul cestello della friggitrice ad aria, **senza carta forno**. Spruzzate con olio di oliva usando il nebulizzatore. **Cuocete a 200° per 10 minuti**, senza girarle o mescolare.

MIX DI VERDURE

- Difficoltà **Molto facile**
- Preparazione **20 Minuti**
- Tempo di cottura **10 Minuti**
- Porzioni **2**

INGREDIENTI

- 1 melanzana
- 1 zucchina
- 50 g di pancetta
- 100 g di formaggio (scamorza)
- q.b. erbe aromatiche (timo, origano.)
- q.b. olio di oliva
- q.b. sale

PREPARAZIONE

Lavate e spuntate zucchine e melanzane ad entrambe le estremità. Tagliatele a rondelle cercando di dare a tutte lo stesso spessore. Mettetele in una ciotola e insaporitele con sale, erbe aromatiche e qualche puff di olio di oliva. Disponete le verdure alternando zucchine e melanzane. Tra una zucchina e una melanzana aggiungete qualche fetta di pancetta e di formaggio. Condite ancora con qualche puff di olio di oliva, sale e erbe aromatiche.

COTTURA MIX DI VERDURE IN FRIGGITRICE AD ARIA

Adagiate lo stampo sul **cestello della friggitrice ad aria**: se non avete lo stampo potrete decidere di sistemare le verdure anche direttamente sul cestello, senza carta forno. Cuocete a **200° per 10 minuti**, verificando la cottura altrimenti prolungano i tempi.

MELANZANE GRATINATE

- Difficoltà **Molto facile**
- Tempo di preparazione **15 Minuti**
- Tempo di cottura **15 Minuti**
- Porzioni **4**

INGREDIENTI

- 2 melanzane
- 8 pomodorini
- ½ cipolla rossa di Tropea
- q.b. di panatura al parmigiano
- 3 foglie di basilico
- q.b. olio di oliva
- q.b. sale fino

PREPARAZIONE

Lavate le melanzane e spuntatele alle estremità. Tagliatele a **fette sottili**, di circa **mezzo centimetro di spessore**. Mettetele in una ciotola e spruzzatele con **l'olio**, aggiungete il **sale e** tenetele da parte.

Distribuite le **melanzane con pomodorini e cipolle** su una teglia ricoperta di carta forno, facendo in modo che non si sovrappongano eccessivamente. Aggiungete un po' di **panatura** residua, qualche puff di **olio** e un po' di **basilico** spezzettato.

COTTURA IN FRIGGITRICE AD ARIA
Adagiate le **melanzane con pomodorini e cipolle sul cestello della friggitrice ad aria.** Cuocete a **200° per 10 minuti.**

COTOLETTE AI QUATTRO FORMAGGI

- Difficoltà **Molto facile**
- Preparazione **10 Minuti**
- Tempo di cottura **10 Minuti**
- Porzioni **2**

INGREDIENTI
- 4 fette di petto di pollo
- q.b. di panatura
- q.b. olio di oliva (puff)
- q.b. sale fino

Per il Ripieno
- 4 fette di prosciutto cotto
- 4 fette di formaggio (scamorza, provolone, provola, mozzarella)

PREPARAZIONE
Preparate la panatura, potete personalizzarla usando anche grana o pecorino grattugiati e aggiungendo le erbe aromatiche che più preferite. Passate le fettine di petto di pollo nella panatura, facendo in modo che aderisca perfettamente, con una leggera pressione con il palmo della mano.

COTTURA IN FRIGGITRICE AD ARIA
Adagiate le cotolette sul cestello della air fryer senza carta forno. **Spruzzate con olio di oliva**. Azionate la friggitrice ad aria a **200°** e cuocete per **5 minuti per lato**, girandole a metà cottutra.

SPICCHI DI MELANZANE PROSCIUTTO E FORMAGGIO

- Difficoltà **Molto facile**
- Preparazione **20 Minuti**
- Tempo di cottura **30 Minuti**
- Porzioni **4**

INGREDIENTI
- 2 melanzane
- 100 g di prosciutto cotto
- 150 g di formaggio (scamorza)
- q.b. olio di oliva
- q.b. origano
- q.b. sale fino

PREPARAZIONE
Lavate le melanzane e spuntatele alle estremità. Tagliatele a fette sottili, pochi millimetri; in questo modo sarà più facile chiuderle a mezzaluna o involtino. Adagiatele sul cestello della friggitrice ad aria, in modo che non si sovrappongano totalmente.

COTTURA SPICCHI DI MELANZANE PROSCIUTTO E FORMAGGIO IN FRIGGITRICE AD ARIA
Spruzzatele con olio di oliva, aggiungete sale e erbe aromatiche come **origano**. Cuocetele a **200° per 7-8 minuti** girandole a metà cottura appena vedrete che saranno dorate.
Appena le fette di **melanzane** sono cotte adagiatele su un tagliere e farcite metà di ogni fetta con prosciutto cotto e formaggio. **Chiudete a mezzaluna** premendo con il palmo della mano in modo che resti chiuse. In caso potrete usare anche stuzzicadenti.
Adagiatele nuovamente sul cestello della **friggitrice ad aria e cuocetele a 200°** per un paio di minuti, giusto il tempo che si sciolga il formaggio.

MELANZANE AL PARMIGIANO

- Difficoltà **Molto facile**
- Preparazione **20 Minuti**
- Tempo di cottura **15 Minuti**
- Porzioni **2**

INGREDIENTI
- 1 Melanzana (c.a. 500 g)
- q.b. di panatura al parmigiano
- q.b. Olio di oliva
- q.b. Sale fino

PREPARAZIONE
Lavate la **melanzana** ed asciugatela con un panno pulito. Tagliatela in due metà nel senso della lunghezza senza spuntarla. Con un coltello intagliatela delicatamente formando un reticolo. Spruzzate la superficie con un po' di olio. Preparate la impanatura al parmigiano per la gratinatura e cospargetela su tutta la superficie.

COTTURA IN FRIGGITRICE AD ARIA
Adagiate le melanzane sul cestello. Spruzzate la superficie con olio di oliva usando il nebulizzatore. Cuocetele a 150° per circa 15 minuti (a seconda della dimensione della melanzana) e poi gli ultimi minuti, quando è cotta, aumentate a 200° per ultimare la gratinatura.

ROLLE' DI PATATE

- Difficoltà **Molto facile**
- Preparazione **40 Minuti**
- Tempo di cottura **15 Minuti**
- Porzioni **4**

INGREDIENTI
- 250 g di Patate lesse
- 110 g di Farina 00
- 30 g di parmigiano grattugiato
- 1 Uovo

- 1 pizzico di Sale fino
- q.b. di Pangrattato

Per il Ripieno
- 150 g di Prosciutto cotto
- 150 g di Formaggio (a fette)

PREPARAZIONE
Lessate le patate in abbondante acqua salata: potete pelarle prima della cottura, se preferite. Altrimenti cuocetele con la buccia, dopo averle lavate accuratamente e usate uno schiacciapatate per ridurle in purea, direttamente con la buccia, senza pelarle. Appena saranno morbide potete scolarle e subito schiacciarle.
In una ciotola mettete le patate lesse, aggiungete l'uovo, il pizzico di sale e la farina. Impastate fino ad ottenere un composto morbido e omogeneo che non sia appiccicoso. Formate un panetto. Stendete un foglio di carta forno e cospargetelo con pangrattato. Stendete il panetto con un matterello, cospargendolo man mano con pangrattato anche in superficie. Formate un rettangolo. Farcitelo con prosciutto cotto e formaggio a fette, fino ai bordi. Sigillate bene i bordi in modo che il ripieno, in cottura, non fuoriesca.

COTTURA ROLLE' DI PATATE IN FRIGGITRICE AD ARIA
Date al rotolo una forma che sia adatta alla lunghezza del cestello. Adagiatelo sul cestello con la carta forno e spruzzatelo con poco olio in superficie. Cuocetelo a **180° per 15 minuti** circa, girandolo a metà cottura.

TRANCETTI DI ZUCCHINE

- Difficoltà **Molto facile**
- Preparazione **10 Minuti**
- Tempo di cottura **10 Minuti**
- Porzioni **4**

INGREDIENTI
- 500 g di zucchine

- ½ cipolla bianca
- q.b. erbe aromatiche
- 100 ml di aceto di vino bianco
- 50 ml di vino bianco
- q.b. olio di oliva
- q.b. sale fino

PREPARAZIONE

Lavate le zucchine e spuntatele alle estremità. Tagliatele in quattro parti nel senso della lunghezza e poi a bastoncini o listarelle. Non devono essere molto spesse pertanto se avete zucchine molto grandi tagliatele ancora più sottili.

Disponetele direttamente sul cestello della air fryer e spruzzatele con un po' di olio usando un nebulizzatore. Se non ne avete uno, mettete le zucchine in una ciotola e aggiungete 1-2 cucchiaini di olio di oliva e mescolate per distribuirlo in maniera uniforme.

COTTURA IN FRIGGITRICE AD ARIA

Cuocetele a 200° per 8-10 minuti, girandole di tanto in tanto con un cucchiaio di legno o semplicemente scuotendo il cestello.

BURGER DI ZUCCHINE

- Difficoltà **Molto facile**
- Preparazione **20 Minuti**
- Tempo di cottura **10 Minuti**
- Porzioni **3**

INGREDIENTI

- 2 zucchine
- 4 fette di pane bianco
- 1 uovo
- 2 cucchiai di parmigiano
- 2 foglie di basilico
- 2 foglie di menta
- 2 fette di prosciutto cotto
- 2 fette di scamorza
- q.b. di panatura al parmigiano

- q.b. sale fino
- q.b. olio di oliva

PREPARAZIONE

Lavate le zucchine, spuntatele e tagliatele a pezzetti in maniera grossolana. Metteteli in un mixer e tritateli ad intermittenza: devono risultare grattugiate finemente e non ridotte in purea.

Tritate il **pane**, assieme al **basilico** e alla **menta**, riducendolo in briciole. Unite il **pane** alle zucchine in una ciotola, aggiungete il **parmigiano**, l'**uovo** e **sale**. Mescolate con le mani per amalgamare tutti gli ingredienti ottenendo un composto morbido ma non troppo molle: nel caso unite un po' di pangrattato oppure mollica di pane sbriciolata. Aiutandovi con un **coppapasta** poggiato su carta forno, preparate i burger mettendo un po' di impasto sul fondo poi **prosciutto cotto** e **scamorza** e ancora l'impasto di zucchine.

Sigillate i bordi e passateli nella **panatura al parmigiano** o nel pangrattato.

COTTURA IN FRIGGITRICE AD ARIA

Adagiate i burger direttamente sul cestello senza carta forno. Spruzzateli con olio di oliva e cuoceteli a 200° per 10 minuti girandoli a metà cottura.

CAVOLI E PANCETTA

- Difficoltà **Molto facile**
- Preparazione **10 Minuti**
- Tempo di cottura **10 Minuti**
- Porzioni **3**

INGREDIENTI

- 300 g di cavoletti di Bruxelles
- 2 fette di pancetta
- 20 ml di olio d'oliva
- 2 g di aglio in polvere
- Sale e pepe, a piacere
- 5 g di parmigiano grattugiato

PREPARAZIONE

Tagliare i gambi dai cavoli e poi tagliarli a metà. Unire le metà dei cavoli, la pancetta a dadini, l'olio d'oliva, l'aglio in polvere, il sale e il pepe in una ciotola e mescola insieme. Aggiungere la miscela alla friggitrice preriscaldata.

COTTURA CAVOLI E PANCETTA IN FRIGGITRICE AD ARIA

Accendere la friggitrice ad aria e impostare la temperatura a 180°. Selezionare Ortaggi da Radice, regolare il tempo a 8 minuti, poi premere Avvia. Assicurarsi di scuotere i cestelli a metà cottura. Grattugiare il parmigiano per guarnire, poi servire.

MELANZANE ARROSTITE

- Difficoltà **Molto facile**
- Preparazione **10 Minuti**
- Tempo di cottura **10 Minuti**
- Porzioni **2**

INGREDIENTI

- 1 melanzana
- 30 ml di olio d'oliva
- 3 g di sale
- 2 g di aglio in polvere
- 1 g di pepe nero
- 1 cipolla in polvere
- 1 g di cumino macinato

PREPARAZIONE

Tagliare le melanzane a fette di circa 1cm di spessore. Unire l'olio e i condimenti in una ciotola grande finché non sono ben combinati, aggiungere la melanzana finché tutti i pezzi sono ben ricoperti.

COTTURA IN FRIGGITRICE AD ARIA

Accendere la friggitrice ad aria e impostare la temperatura a 200°. Mettere le melanzane nella friggitrice e cuocere a 200° per 10 minuti.

ARROSTO DI ZUCCA

- Difficoltà **Molto facile**
- Preparazione **10 Minuti**
- Tempo di cottura **12 Minuti**
- Porzioni **3**

INGREDIENTI

- 1 zucca bianca
- 15 ml di olio d'oliva
- 1 g di foglie di timo
- 6 g di sale
- 1 g di pepe nero

PREPARAZIONE

Tagliare la zucca a cubetti di circa 4cm. Ricoprire i cubetti di zucca con olio d'oliva e condire con timo, sale e pepe. Aggiungere la zucca stagionata alla friggitrice preriscaldata.

COTTURA ARROSTO DI ZUCCA IN FRIGGITRICE AD ARIA

Accendere la friggitrice ad aria e impostare la temperatura a 170°.
Selezionare Ortaggi da Radice e premere Avvia. Assicurarsi di scuotere i cestelli a metà cottura. Condire con olio d'oliva a cottura ultimata e servire.

CAVOLFIORI ALLA CURCUMA

- Difficoltà **Molto facile**
- Preparazione **5 Minuti**
- Tempo di cottura **10 Minuti**
- Porzioni **3**

INGREDIENTI

- 300 g di fori di cavolfiori
- 10 ml di olio d'oliva
- 2 g di polvere di curcuma
- 2 g di aglio in polvere
- 1 cipolla in polvere
- 3 g di sale
- 1 g di pepe nero

PREPARAZIONE

Mettere le cimette di cavolfiore in una ciotola e condire con olio d'oliva finché tutto il cavolfiore sarà ben coperto. Mescolare il cavolfiore con i condimenti.

COTTURA IN FRIGGITRICE AD ARIA

Accendere la friggitrice ad aria e impostare la temperatura a 160°. Aggiungere il cavolfiore nella friggitrice preriscaldata. Selezionare Verdure, poi premere Avvia.

CAVOLFIORI ARROSTITI

- Difficoltà **Molto facile**
- Preparazione **5 Minuti**
- Tempo di cottura **10 Minuti**
- Porzioni **3**

INGREDIENTI

- 300 g di fori di cavolfiore
- 10 ml di olio d'oliva
- 3 g di sale
- 1 g di pepe nero

PREPARAZIONE

Mettere le cimette di cavolfiore in una ciotola, annaffiare con olio d'oliva e condire con sale e pepe mescolando per condire le cimette in modo uniforme.

COTTURA IN FRIGGITRICE AD ARIA

Accendere la friggitrice ad aria e impostare la temperatura a 150°. Aggiungi il cavolfiore nella friggitrice ad aria preriscaldata e cuocere circa 10 minuti.

CAROTINE IN SALSA DI SOIA

- Difficoltà **Molto facile**
- Preparazione **10 Minuti**
- Tempo di cottura **15 Minuti**
- Porzioni

INGREDIENTI

- 300 g di carote
- 15 ml di olio d'oliva
- 5 ml di miele
- 5 ml di salsa di soia

PREPARAZIONE

Tagliare e ricoprire le carote con olio d'oliva e mescolare il miele e la salsa di soia. Mettere le carote nella friggitrice preriscaldata.

COTTURA IN FRIGGITRICE AD ARIA

Accendere la friggitrice ad aria e impostare la temperatura a 160°. Selezionare Ortaggi da Radice e premere Avvia. Assicurarsi di scuotere i cestini a metà cottura. Condire con sale e pepe durante la cottura.

BROCCOLI ARROSTITI

- Difficoltà **Molto facile**
- Preparazione **10 Minuti**
- Tempo di cottura **10 Minuti**
- Porzioni **3**

INGREDIENTI

- 1 broccolo grande
- 15 ml di olio d'oliva
- 3 g di aglio in polvere
- 3 g di sale
- 1 g di pepe nero

PREPARAZIONE

Bagnare i broccoli con olio d'oliva e mescolare fino ad ottenere un composto uniforme. Unire i broccoli ai condimenti.

COTTURA BROCCOLI ARROSTITI IN FRIGGITRICE AD ARIA

Accendere la friggitrice ad aria e impostare la temperatura a 150°. Aggiungere i broccoli alla friggitrice preriscaldata. Selezionare Verdure e premere Avvia.

CAROTE AL MIELE

- Difficoltà **Molto facile**
- Preparazione **10 Minuti**
- Tempo di cottura **12 Minuti**
- Porzioni **3**

INGREDIENTI

- 500 g di carote
- 15 ml di olio d'oliva
- 30 ml di miele
- 2 rametti di timo fresco
- Q.b. Sale e pepe

PREPARAZIONE

Tagliare le carote a fettine di circa 5mm, poi mettere da parte.
Mettere le carote in una ciotola con olio d'oliva, miele, timo, sale e pepe.

COTTURA CAROTE AL MIELE IN FRIGGITRICE AD ARIA

Accendere la friggitrice ad aria e impostare la temperatura a 160°.Aggiungere le carote alla friggitrice preriscaldata. Selezionare Ortaggi da Radice e premere Avvia. Assicurarsi di scuotere i cestelli a metà cottura. Servire calde.

PATATE ARROSTO

- Difficoltà **Molto facile**
- Preparazione **10 Minuti**
- Tempo di cottura **20 Minuti**
- Porzioni **3**

INGREDIENTI

- 250 g di patate novelle
- 30 ml di olio d'oliva
- 3 g di sale
- 1 g di pepe nero
- 2 g di aglio in polvere
- 1 g di timo essiccato
- 1 g di rosmarino essiccato

PREPARAZIONE

Tagliare le patate a spicchi di mezzelune e metterle in acqua.
Ricoprire le patate in olio d'oliva e condirle con tutti gli ingredienti.

COTTURA PATATE ARROSTO IN FRIGGITRICE AD ARIA

Accendere la friggitrice ad aria e impostare la temperatura a 200°.
Mettere le patate nella friggitrice preriscaldata. Selezionare Patatine Fritte e premere Avvia. Assicurarsi di scuotere i cestini a metà cottura.

PATATE HASSELBACK

- Difficoltà **Molto facile**
- Preparazione **10 Minuti**
- Tempo di cottura **30 Minuti**
- Porzioni **3**

INGREDIENTI

- 4 patate medie
- 30 ml di olio d'oliva
- 12 g di sale
- 1 g di pepe nero
- 1 g di aglio in polvere
- 30 g di burro fuso
- 8 g di prezzemolo tritato

PREPARAZIONE

Lavare e strofinare le patate, poi asciugarle con un tovagliolo di carta.
Tagliare le patate a fette di circa 1 cm di spessore. Coprire le patate con olio d'oliva e condire uniformemente con sale, pepe nero e aglio in polvere.

COTTURA PATATE HASSELBACK IN FRIGGITRICE AD ARIA

Accendere la friggitrice ad aria, regolare a 175° e premere Avvia.
Aggiungere le patate nella friggitrice preriscaldata e cuocere per 30 minuti a 175°. Spennellare il burro fuso sulle patate e cuocere per altri 10 minuti a 175°.
Guarnire con prezzemolo fresco tritato.

FIORI DI CIPOLLA

- Difficoltà **Facile**
- Preparazione **2 ore e 15 Minuti**
- Tempo di cottura **25 Minuti**
- Porzioni **3**

INGREDIENTI

- 1 cipolla grande
- 120 g di farina per tutti gli usi
- 7 g di paprika
- 12 g di sale
- 7 g di aglio in polvere
- 3 g di peperoncino in polvere
- 1 g di pepe nero
- 1 g di origano essiccato
- 300 ml di acqua
- 50 g di pangrattato

PREPARAZIONE

Sbucciare la cipolla e tagliare la parte superiore. Mettere il lato del taglio su un tagliere. Tagliare verso il basso, dal centro verso l'esterno, fino al tagliere. Ripetere per fare 8 tagli uniformemente distribuiti intorno alla cipolla. Assicurarsi che la fessura passi attraverso tutti gli strati, ma lasciare la cipolla collegata al centro, poi mettere da parte. Lasciare la cipolla in acqua ghiacciata per almeno 2 ore, poi asciugare. Mescolare insieme la farina, la paprika, il sale, l'aglio in polvere, il peperoncino in polvere, il pepe nero, l'origano e l'acqua fino a formare una pastella.

COTTURA FIORI DI CIPOLLA IN FRIGGITRICE AD ARIA

Accendere la friggitrice ad aria e impostare la temperatura a 200°. Ricopre la cipolla con la pastella allargando gli strati e assicurandosi che ogni strato sia coperto con la pastella. Cospargere poi la parte superiore ed inferiore della cipolla con il pangrattato. Spruzzare uno spray aderente nel cestello mettere la cipolla all'interno con il lato tagliato verso l'alto.
Cuocere la cipolla a 200° per 10 minuti, poi altri 15 minuti a 175°.

ANELLI DI CIPOLLA

- Difficoltà **Molto facile**
- Preparazione **10 Minuti**
- Tempo di cottura **20 Minuti**
- Porzioni **2**

INGREDIENTI

- 1 cipolla bianca
- 80 g di pangrattato
- 2 g di paprika affumicata
- 5 g di sale
- 2 uova
- 200 ml di latticello
- 60 g di farina 00

PREPARAZIONE

Tagliare la cipolla a rondelle spesse 13 mm e separare gli strati in anelli. Unire il pangrattato, la paprika e il sale in una ciotola, poi mettere da parte. Sbattere le uova e il latticello insieme fino a completa miscelazione. Immergere ciascun anello di cipolla nella farina, nelle uova sbattute e nella miscela di pane grattugiato.

COTTURA ANELLI DI CIPOLLA IN FRIGGITRICE AD ARIA

Accendere la friggitrice ad aria e impostare la temperatura a 190°. Spruzzare abbondantemente gli anelli di cipolla con uno spray da cucina. Mettere gli anelli di cipolla in un singolo strato nei cestelli della friggitrice preriscaldata e cuocere a lotti a 190° C per 10 minuti fino alla loro doratura. Servire con la salsa preferita.

FETTINE DI PATATE

- Difficoltà **Molto facile**
- Preparazione **30 Minuti**
- Tempo di cottura **25 Minuti**
- Porzioni **3**

INGREDIENTI

- litri d'acqua
- 15 g di sale

- 2 patate grandi
- 20 ml di olio d'oliva
- Sale e pepe

PREPARAZIONE

Mescolare insieme l'acqua e il sale in una grande ciotola fino a quando tutto il sale si dissolve. Affettare sottilmente le patate utilizzando un coltello. Immergere le patate nell'acqua salata per 30 minuti.
Scolare le patate e asciugarle tamponandole. Aggiungere l'olio di oliva.

COTTURA FETTINE DI PATATE IN FRIGGITRICE AD ARIA

Accendere la friggitrice ad aria e impostare la temperatura a 170°. Cuocere le patate per 25 minuti. Assicurarsi di scuotere i cestelli a metà cottura. Condire le patate con sale e pepe appena finito di cucinare.

FRITTO GRECO

- Difficoltà **Molto facile**
- Preparazione **30 Minuti**
- Tempo di cottura **30 Minuti**
- Porzioni **4**

INGREDIENTI

- 2 patate gialle
- 1 L di acqua fredda, per ammollare le patate
- 40 ml di olio vegetale
- 3 g di aglio in polvere
- 2 g di paprika
- 60 g di formaggio feta sbriciolato
- 4 g di prezzemolo
- 3 g di origano fresco
- Sale e pepe a piacere
- Spicchi di limone per servire

PREPARAZIONE

Tagliare le patate in strisce di 80 x 15 mm e immergerle nell'acqua per 15 minuti.
Scolare le patate, sciacquarle con acqua fredda e asciugarle con tovaglioli di carta.

Aggiungere l'olio, l'aglio in polvere e la paprica alle patate, mescolando fino a quando non sono ricoperte uniformemente.

COTTURA FRITTO GRECO IN FRIGGITRICE AD ARIA

Accendere la friggitrice ad aria e impostare la temperatura a 200°.
Aggiungere le patate alla friggitrice preriscaldata. Selezionare Patatine Fritte, regolare il tempo a 30 minuti. Assicurarsi di scuotere i cestelli per garantire una cottura uniforme. Togliere i cestelli dalla friggitrice appena terminata la cottura, poi aggiungere le patatine fritte con formaggio feta, prezzemolo, origano, sale e pepe.
Servire con spicchi di limone.

AVOCADO FRITTI

- Difficoltà **Molto facile**
- Preparazione **20 Minuti**
- Tempo di cottura **10 Minuti**
- Porzioni **2**

INGREDIENTI

- 2 avocado tagliati a spicchi
- 50 g di pangrattato
- 2 g di aglio in polvere
- 2 g di cipolle in polvere
- 1 g di paprika affumicata
- 1 g di pepe di Caienna
- Sale e pepe a piacere
- 60 g di farina per tutti gli usi
- 2 uova sbattute
- Ketchup o maionese per servire

PREPARAZIONE

Tagliare gli avocado a spicchi spessi 25 mm. Unisci in una ciotola il pangrattato, l'aglio in polvere, la cipolla in polvere, la paprika affumicata, il pepe di Caienna, il sale e il pepe.
Immergere gli spicchi di avocado nella farina nelle uova sbattute e arrotolarlo nella miscela di pane grattugiato.

COTTURA AVOCADO FRITTI IN FRIGGITRICE AD ARIA

Accendere la friggitrice ad aria e impostare la temperatura a 200°.

Mettere gli avocado fritti nei cestelli della friggitrice preriscaldata, spruzzare con uno spray da cucina e cuocere a 200° C per 10 minuti. Capovolgere gli avocado a metà cottura. Servire con ketchup o maionese per immersione.

PATATE A SPICCHI

- Difficoltà **Molto facile**
- Preparazione **5 Minuti**
- Tempo di cottura **20 Minuti**
- Porzioni **4**

INGREDIENTI

- 2 patate grandi
- 20 ml di olio d'oliva
- 3 g di aglio in polvere
- 1 cipolla in polvere
- 3 g di sale
- 1 g di pepe nero
- 5 g di parmigiano grattugiato
- Ketchup o maionese per servire

PREPARAZIONE

Tagliare le patate a spicchi.
Ricoprire le patate con olio d'oliva e condirle con i condimenti e il parmigiano fino a quando non saranno ben ricoperte.

COTTURA PATATE A SPICCHI IN FRIGGITRICE AD ARIA

Accendere la friggitrice ad aria e impostare la temperatura a 200°.
Selezionare Patatine Fritte, impostare il tempo a 20 minuti e premere Avvia.
Scuotere i cestelli a metà cottura. Servire con ketchup o maionese.

FISARMONICA DI MELANZANE

- Difficoltà **Molto facile**
- Preparazione **10 Minuti**
- Tempo di cottura **20 Minuti**
- Porzioni **2**

INGREDIENTI

- 2 Melanzane lunghe
- 150 g di Prosciutto crudo
- 150 g di scamorza
- 3 Pomodori
- q.b. Olio di oliva
- q.b. Sale fino
- q.b. Origano

PREPARAZIONE

Lavate bene le melanzane e spuntatele eliminando il peduncolo. Infilzatele con uno stecchino lungo nel senso della lunghezza, ad 1 cm dal piano dal bordo: questo passaggio impedirà che, tagliando le fette con un coltello, possiate arrivare fino all'altra estremità tagliando per intero la fetta.

Tagliate la melanzana a fette di spessore massimo 1 cm altrimenti la cottura sarà troppo lunga. Tra una fetta e l'altra, nell'insenatura, cospargete un pizzico di sale, qualche spruzzo di olio di oliva e origano Quindi, farcite con una fetta di pomodoro, una di prosciutto e una di scamorza. Potete anche alternare gli ingredienti. Cospargete in superficie un po' di sale, origano e altre erbe aromatiche, se preferite. Adagiate le melanzane su una leccarda ricoperta di carta forno e aggiungete un po' di olio in superficie.

COTTURA IN FRIGGITRICE AD ARIA

Adagiate sul cestello della friggitrice ad aria e cuocete a 180° per 15 minuti, poi aumentate a 200° per altri 5 minuti.

A seconda della dimensione e dello spessore delle melanzane i tempi potrebbero variare quindi infilzate la melanzana al cuore e verificate che sia morbida, altrimenti prolungate ancora.

CROCCHETTE DI PATATE TONNO E ZUCCHINE

- Difficoltà **Facile**
- Preparazione **20 Minuti**
- Tempo di cottura **20 Minuti**
- Porzioni **3**

INGREDIENTI

- 2 Zucchine lunghe (circa 200 grammi)
- 3 Patate medie (circa 200 grammi)
- 80 g di Farina
- 50 g di Pangrattato
- 120 g di Tonno
- 1 Uovo
- 20 g di parmigiano
- 50 g di Formaggio
- q.b. Erbe aromatiche
- q.b. Sale fino
- q.b. Pepe nero
- q.b. Olio di oliva

PREPARAZIONE

Lavate le zucchine e spuntatele alle estremità. Grattugiatele usando una grattugia a fori larghi e strizzatele bene con le mani.

Pelate le patate e sciacquatele sotto l'acqua corrente. Grattugiatele con una grattugia a fori larghi oppure con un mixer. Unite le patate e le zucchine.

Sgocciolate bene il tonno in scatola, dall'olio o dall'acqua a seconda di quello che usate. Aggiungete il tonno alle patate e alle zucchine. Insaporite con sale, pepe, erbe aromatiche.

Mescolate bene poi unite l'uovo, il parmigiano e, infine, la farina e il pangrattato poco alla volta, dovrete ottenere un composto morbido e non troppo molle.

Formate delle crocchette mettendo un po' di impasto sul palmo della mano, al centro unite una strisciolina di formaggio e chiudete bene. Passate le crocchette di zucchine nel pangrattato.

COTTURA IN FRIGGITRICE AD ARIA

Accendere la friggitrice ad aria e impostare la temperatura a 200°.

Adagiatele sul cestello senza carta forno e spruzzatele con olio di oliva, cuocetele a 200° per circa 8 minuti girandole a metà cottura. Devono risultare dorate.

SBRICIOLATA ZUCCHINE E PROSCIUTTO

- Difficoltà **Molto facile**
- Preparazione **20 Minuti**
- Tempo di cottura **30 Minuti**
- Porzioni **4**

INGREDIENTI

- 300 g di farina 00
- 30 g di parmigiano grattugiato
- 1 uovo
- 100 g di Olio di semi
- 6 g di lievito istantaneo per salati
- 1 pizzico di Olio di sale fino

Per il Ripieno

- q.b. di zucchine grigliate
- 100 g di prosciutto cotto
- 150 g di provola

PREPARAZIONE

Preparate la pasta frolla salata: in una ciotola unite la farina, il parmigiano grattugiato, l'uovo intero, l'olio di semi, il pizzico di sale e il lievito istantaneo per torte salate.

Impastate con le mani amalgamando tutti gli ingredienti fino a formare un composto sbricioloso. Versate metà dell'impasto in uno stampo foderato di carta forno del diametro di 20 cm.

Compattate bene l'impasto con le mani in modo che sia ben compatto.

Distribuite le fette di prosciutto cotto, poi le zucchine grigliate e la provola a fette. Potete usare gli ingredienti che più preferite.

Versate la restante parte della frolla salata sbriciolata e compattatela bene, anche sui bordi.

COTTURA IN FRIGGITRICE AD ARIA
Adagiate lo stampo direttamente sul cestello e cuocete a 160° per circa 30 minuti fino a che non risulta dorata anche sul fondo.

FIORI DI ZUCCA RIPIENI

- Difficoltà **Molto facile**
- Preparazione **20 Minuti**
- Tempo di cottura **10 Minuti**
- Porzioni **2**

INGREDIENTI
- 250 g di Ricotta vaccina
- 1 Uovo
- 20 g di parmigiano grattugiato
- 40 g di Prosciutto cotto
- 80 g di Formaggio (Asiago, emmental, fontina)
- q.b. Prezzemolo
- q.b. Sale fino
- q.b. Pepe nero

PREPARAZIONE
Dopo aver pulito i fiori di zucca, lavateli accuratamente sotto acqua corrente, usando un getto dolce e non forte. Metteteli su un panno pulito ed asciutto e fateli asciugare all'aria oppure tamponateli con carta assorbente.
Preparate il ripieno: in una ciotola mettete la ricotta. Aggiungete l'uovo intero, il parmigiano, il prezzemolo, il sale fino, il pepe. Mescolate bene con un cucchiaio.
Unite poi il formaggio a dadini e il prosciutto cotto. A questo punto potete riempire i fiori di zucca aiutandovi con un cucchiaino, delicatamente per evitare che si rompano.
Adagiateli su un piatto pulito.

Ungete il fondo di una pirofila con poco olio e sistemate i fiori di zucca ripieni uno accanto all'altro. Cospargete con abbondante parmigiano grattugiato.

COTTURA IN FRIGGITRICE AD ARIA
Accendete la friggitrice ad aria e impostate la temperatura a 200°.
Spruzzate con qualche puff di olio di oliva. Poi cuocete a 200° adagiando la pirofila sul cestello, per 7-8 minuti o fino a doratura della superficie.

TORTA PACHINI E ZUCCHINE

- Difficoltà **Facile**
- Preparazione **20 Minuti**
- Tempo di cottura **25 Minuti**
- Porzioni **4**

INGREDIENTI
- 250 g di Farina 00
- 2 Uova
- 100 ml di Latte
- 50 ml di Olio di semi
- 20 g di Parmigiano Grattugiato
- 20 g di Pecorino
- 100 g di Formaggio (scamorza, fontina, emmental)
- 1 Zucchina
- 1 bustina di lievito in polvere istantaneo per salati
- 8 Pomodorini
- q.b. Sale fino
- q.b. Semi di sesamo

PREPARAZIONE
In una ciotola miscelate gli ingredienti secchi: farina, parmigiano, pecorino, lievito in polvere per salati setacciato, sale fino. Con una frusta a mano oppure una spatola mescolateli bene. In un'altra ciotola unite gli ingredienti umidi: uova intere, latte, olio di semi ed emulsionateli con una frusta a mano o una forchetta.

Lavate e spuntate la zucchina e affettatela sottilmente con una mandolina in modo da ottenere delle fette sottili, In alternativa potete anche tagliarle alla julienne. Lavate i pomodorini e tagliateli in 4 spicchi.

Unite gli ingredienti umidi in quelli secchi, lavorateli con una spatola o una frusta a mano in modo da ottenere un impasto fluido e denso. A questo punto unite le zucchine, la scamorza e i pomodorini.

Mescolate bene tutti gli ingredienti. Versate l'impasto in uno stampo rettangolare ricoperto di carta forno oppure con staccante per teglie. Livellate bene l'impasto e cospargete la superficie con semi di sesamo.

COTTURA TORTA PACHINI E ZUCCHINE IN FRIGGITRICE AD ARIA

Accendete la friggitrice ad aria e impostate la temperatura a 160°.

Adagiate lo stampo sul cestello e cuocete per circa 25 minuti verificando la cottura con uno stecchino di legno.

TORTA RICOTTA, PROSCIUTTO E FORMAGGIO

- Difficoltà **Facile**
- Preparazione **20 Minuti**
- Tempo di cottura **20 Minuti**
- Porzioni **3**

INGREDIENTI
- 400 g di pane
- 300 g di ricotta vaccina
- 1 uovo
- 30 g di parmigiano grattugiato
- 1 ciuffo di prezzemolo
- q.b. sale fino
- q.b. pepe nero

Per il Ripieno
- 100 g di prosciutto cotto
- 50 g di formaggio emmental

PREPARAZIONE

Tagliate il pane a pezzi, se possibile, e mettetelo in ammollo in acqua tiepida. Sono sufficienti 10 minuti, a seconda di quanto sia duro il pane e la scorza esterna.

Strizzate bene il pane eliminando l'acqua in eccesso e sbriciolatelo in una ciotola capiente. Unite la ricotta ben sgocciolata, poi l'uovo e iniziate a mescolare con un cucchiaio o una spatola.

Aggiungete anche il parmigiano, il prezzemolo tritato, sale e pepe. Mescolate. Dovrete ottenere un composto morbido ma non troppo molle: facilmente lavorabile anche con le mani qualora voleste fare le polpette. Rivestite uno stampo di carta forno da circa 20cm. Dividete l'impasto in due parti e aggiungetene una metà sul fondo dello stampo, livellandolo bene.

Aggiungete le fettine di prosciutto cotto e poi l'emmental a fette. Coprite con l'altra metà di impasto e cospargete la superficie con un po' di parmigiano.

COTTURA TORTA RICOTTA, PROSCIUTTO E FORMAGGIO IN FRIGGITRICE AD ARIA

Adagiate lo stampo sul cestello e azionatela a 200°.

Cuocete per 15 minuti verificando che la base sia dorata, altrimenti proseguite per altri 5 minuti, se necessario a 180°.

PATATE FILANTI
- Difficoltà **Molto facile**
- Preparazione **10 Minuti**
- Tempo di cottura **15 Minuti**
- Porzioni **3**

INGREDIENTI
- 600 g di patate
- 50 g di parmigiano grattugiato
- 100 g di formaggio a fette (tipo scamorza)
- 50 g di burro
- q.b. sale fino
- q.b. pepe nero

PREPARAZIONE

Pelate le patate, cercando di scegliere patate delle stesse dimensioni, dopodiché tagliatele a rondelle ottenendo fette dello stesso spessore.

Sbollentatele in acqua salata fredda per 15 minuti. Poi scolatele. Nel frattempo che le patate cuociono sciogliete il burro e spennellate il fondo di una pirofila.

Adagiate un primo strato di patate nella pirofila, spennellate con burro fuso. Aggiungete un po' di pepe parmigiano e formaggio. Procedete con gli strati fino ad ultimare tutti gli ingredienti.

COTTURA PATATE FILANTI IN FRIGGITRICE AD ARIA

Adagiate lo stampo o la pirofila sul cestello della friggitrice ad aria e cuocete a 200° per 12-15 minuti fino a doratura e che si formi la crosticina in superficie.

CROCCHETTE RICOTTA E ZUCCHINE

- Difficoltà **Molto facile**
- Preparazione **20 Minuti**
- Tempo di cottura **15 Minuti**
- Porzioni **3**

INGREDIENTI

- 180 g di zucchine
- 150 g di ricotta vaccina
- 2 cucchiai di parmigiano
- 40 g di mollica di pane
- q.b. di panatura al parmigiano
- q.b. sale fino
- q.b. pepe nero

PREPARAZIONE

Lavate le zucchine sotto acqua corrente e spuntatele su ambo i lati. Tagliatele in pezzi in maniera grossolana e tritatele in un mixer a lame, così da ridurle in scaglie.

Mettete le zucchine in una ciotola, unite la ricotta ben sgocciolata. Mescola i due ingredienti con un cucchiaio o una spatola.

Aggiungete la mollica di **pane** che avrete sbriciolato finemente.

Unite anche il parmigiano grattugiato, sale e pepe. Amalgamate tutti gli ingredienti in modo da ottenere un composto morbido e non troppo molle, se necessario potete unire altra mollica di pane oppure pangrattato.

Dividete l'impasto in 9 porzioni e schiacciatele formando delle crocchette. Passatele nel pangrattato e adagiatele su carta forno.

COTTURA IN FRIGGITRICE AD ARIA

Adagiatele sul cestello direttamente con la carta forno. Spruzzatele con olio di oliva, usando un nebulizzatore, oppure spennellandole con un pennello.

Cuocete a 200° per 8 minuti poi togliete la carta forno e giratele. Proseguite la cottura per altri 3-4 minuti fino a doratura.

TORTA PROSCIUTTO E FORMAGGIO

- Difficoltà **Molto facile**
- Preparazione **20 Minuti**
- Tempo di cottura **20 Minuti**
- Porzioni **3**

INGREDIENTI

- 400 g di pane
- 1 uovo
- 30 g di parmigiano grattugiato
- 1 ciuffo di prezzemolo
- q.b. sale fino
- q.b. pepe nero

Per il Ripieno
- 100 g di prosciutto cotto
- 50 g di formaggio emmental

PREPARAZIONE

Tagliate il pane raffermo a pezzi, se possibile, e mettetelo in ammollo in acqua tiepida. Sono sufficienti 10 minuti, a seconda di quanto sia duro il pane e la scorza esterna.

Strizzate bene il pane eliminando l'acqua in eccesso e sbriciolatelo in una ciotola capiente. Unite l'uovo e iniziate a mescolare con un cucchiaio o una spatola.

Aggiungete anche il parmigiano, il prezzemolo tritato, sale e pepe. Mescolate. Dovrete ottenere un composto morbido ma non troppo molle: facilmente lavorabile anche con le mani qualora voleste fare le polpette. Rivestite uno stampo di carta forno da circa 20cm. Dividete l'impasto in due parti e aggiungetene una metà sul fondo dello stampo, livellandolo bene.

Aggiungete le fettine di prosciutto cotto e poi l'emmental a fette. Coprite con l'altra metà di impasto e cospargete la superficie con un po' di parmigiano.

COTTURA IN FRIGGITRICE AD ARIA

Adagiate lo stampo sul cestello e azionatela a 200°. Cuocete per 15 minuti verificando che la base sia dorata, altrimenti proseguite per altri 5 minuti, se necessario a 180°.

CARCIOFI IMPANATI

- Difficoltà **Facile**
- Preparazione **20 Minuti**
- Tempo di cottura **10 Minuti**
- Porzioni **4**

INGREDIENTI

- 4 carciofi
- q.b. di panatura al parmigiano
- q.b. di olio evo
- 2 uova

PREPARAZIONE

Pulite i carciofi. Dopo averli puliti, tagliateli a metà e poi ancora a metà. In questo modo otterrete 8 spicchi di carciofo ma, se sono piuttosto grandi, potete anche tagliarli ancora a metà. Fate bollire dell'acqua salata in un tegame e appena giunge al bollore immergete i carciofi.

Cuoceteli per 10-12 minuti fino a che non risultano morbidi: verificate il gambo, i tempi potrebbero variare a seconda dello spessore. Nel frattempo preparate la panatura. Scolate i carciofi e fateli intiepidire. Sbattete le uova in una ciotolina e passate i carciofi uno ad uno prima nell'uovo poi nella panatura.

COTTURA CARCIOFI IMPANATI IN FRIGGITRICE AD ARIA

Adagiate i carciofi impanati sul cestello, senza carta forno. Spruzzateli con olio di oliva e cuocete a 200° per 7-8 minuti, fino a doratura e girandoli a metà cottura. Durante la cottura potrete spruzzarli ancora con qualche puff di olio.

MILLEFOGLIE DI PATATE

- Difficoltà **Facile**
- Preparazione **2 Ore e 15 Minuti**
- Tempo di cottura **15 Minuti**
- Porzioni **3**

INGREDIENTI

- 3 patate
- 50 g di parmigiano grattugiato
- 150 g di fontina
- q.b. sale fino
- q.b. pepe nero
- q.b. prezzemolo tritato

PREPARAZIONE

Pelate le patate e lavatele sotto acqua corrente. Affettatele sottilmente con un coltellino, ottenendo fette di circa un paio di millimetri. Mettetele in una ciotola di acqua e lasciatele in ammollo per 2-3 ore. Trascorso il tempo, sciacquatele sotto acqua corrente e fatele scolare.

Foderate uno stampo con carta forno.

Fate uno strato di patate ricoprendo l'intero fondo dello stampo. Poi condite con sale, pepe, prezzemolo, parmigiano fontina grattugiata grossolanamente.

Procedete con gli strati fino ad ultimare tutti gli ingredienti.

COTTURA IN FRIGGITRICE AD ARIA

Adagiate lo stampo sul cestello e fate qualche puff di olio in superficie: in questo modo impedirete che il formaggio voli in cottura. Azionate la friggitrice ad aria a 200° e cuocete per circa 12-15 minuti, a seconda di quanti strati di patate avrete fatto. Verificate la cottura incidendo la patata con un coltello per verificare se è morbida o meno.

CROCCHETTE DI PATATE

- Difficoltà **Molto facile**
- Tempo di preparazione **1 Ora**
- Tempo di cottura **10 Minuti**
- Porzioni **2**

INGREDIENTI

- 300 g di patate
- 1 uovo
- 15 g di burro
- 30 g di parmigiano grattugiato
- 80 g di scamorza
- 1 ciuffo di prezzemolo
- q.b. sale fino
- q.b. pepe nero
- q.b. pangrattato
- q.b. olio di oliva

PREPARAZIONE

Lavate le patate sotto acqua corrente poi lessatele in acqua leggermente salata. Quando saranno cotte, scolatele e passatele allo schiacciapatate.
Mettete la purea di patate in una ciotola ed aggiungete il burro, facendolo sciogliere mescolando con una spatola.
A questo punto lasciate raffreddare bene la purea di patate. Successivamente, unite solo il tuorlo d'uovo al composto, lasciando da parte l'albume.

Unite il parmigiano, il sale, il pepe, il prezzemolo tritato e mescolate bene. Il composto deve risultare asciutto.
Tagliate la scamorza a striscioline. Formate le crocchette dandogli una forma cilindrica e aggiungete all'interno la scamorza. Impanate le crocchette: sbattete l'albume con una forchetta e adagiatevi le crocchette una alla volta. Poi passatele nel pangrattato.

COTTURA IN FRIGGITRICE AD ARIA

Adagiate le crocchette sul cestello della friggitrice ad aria e spruzzatele con olio di oliva: io uso questo nebulizzatore.
Cuocete a 200° in modalità manuale, per 6-8 minuti girandole a metà cottura e continuando a spruzzarle di olio dopo averle girate.

TORTA PATATE E SPINACI

- Difficoltà **Molto facile**
- Preparazione **20 Minuti**
- Tempo di cottura **15 Minuti**
- Porzioni **4**

INGREDIENTI

- 300 g di patate lesse
- 300 g di spinaci lessi
- 150 g di gorgonzola
- 30 g di parmigiano grattugiato
- q.b. sale fino
- q.b. pepe nero

PREPARAZIONE

Sminuzzate gli spinaci con un coltello: non serve frullarli così da avere un tortino "variegato" e non totalmente verdure.
Quindi, schiacciate le patate riducendole in purea con uno schiacciapatate. Unite gli spinaci e mescolate.
Aggiungete sale, pepe e parmigiano. Se preferite potete arricchire li tortino con pecorino o noce moscata.

Mescolate bene per amalgamare tutti gli ingredienti. Foderate uno stampo da 18-20 cm con carta forno e aggiungete metà del composto di patate e spinaci.

Aggiungete, quindi, il gorgonzola con un cucchiaino e ricoprite con la resta parte di impasto. Livellate bene e cospargete con parmigiano grattugiato.

Foderate uno stampo da circa 20 cm con carta forno e aggiungete metà del composto di patate e spinaci.

Aggiungete, quindi, il gorgonzola con un cucchiaino e ricoprite con la resta parte di impasto. Livellate bene e cospargete con parmigiano grattugiato.

COTTURA IN FRIGGITRICE AD ARIA

Adagiate lo stampo sul cestello.

Azionate la friggitrice ad aria a 200° e cuocete per 15 minuti fino a doratura.

FINOCCHI OLIVE E POMODORINE

- Difficoltà **Molto facile**
- Preparazione **10 Minuti**
- Tempo di cottura **10 Minuti**
- Porzioni **2**

INGREDIENTI

- 1 finocchio
- 6 pomodorini
- 10 di olive nere
- q.b. di erbe aromatiche
- 30 g di parmigiano grattugiato
- 15 g di pecorino grattugiato
- q.b. puff di olio

PREPARAZIONE

Eliminate le foglie esterne e i gambi ed affettateli sottilmente. Lavateli bene sotto acqua corrente poi tamponateli con carta assorbente. Mettete i finocchi in una ciotola e unite il parmigiano, il pecorino e le erbe aromatiche. Aggiungete anche il sale e un pizzico di pepe, se preferite.

Lavate i pomodorini e tagliateli a metà nel senso della lunghezza. Poi uniteli ai pomodori assieme alle olive (denocciolate o intere).

COTTURA IN FRIGGITRICE AD ARIA

Mettete i finocchi direttamente sul cestello della friggitrice ad aria, disponendoli in maniera uniforme senza farli sovrapporre troppo. Spruzzate con qualche puff di olio di oliva e cuocete i finocchi a 200° per 8-10 minuti a doratura.

ZUCCHINE FRITTE

- Difficoltà **Molto facile**
- Preparazione **10 Minuti**
- Tempo di cottura **10 Minuti**
- Porzioni **4**

INGREDIENTI

- zucchine medie
- 60 g di farina 00
- 12 g di sale
- 2 g di pepe nero
- 2 uova, sbattute
- 15 ml di latte
- 85 g di pangrattato stagionato
- 25 g di parmigiano grattugiato

PREPARAZIONE

Tagliare le zucchine a strisce di 20 mm di spessore. Mescolare insieme in un piatto la farina, il sale e il pepe. Sbattere insieme le uova e il latte in un piatto separato. Unire il pangrattato e il parmigiano in un altro piatto.

Ricoprire ogni pezzo di zucchine con la farina, poi immergerle nell'uovo, arrotolare nel pangrattato e metterle da parte.

COTTURA ZUCCHINE FRITTE IN FRIGGITRICE AD ARIA

Accendere la friggitrice ad aria e impostare la temperatura a 175°.

Mettere le zucchine nella friggitrice preriscaldata e spruzzare con uno spray da cucina antiaderente. Selezionare Cibi Surgelati, regolare il tempo a 8 minuti e premere Avvia. Scuotere i cestelli a metà cottura.

PATATINE FRITTE FATTE IN CASA

- Difficoltà **Molto facile**
- Preparazione **30 Minuti**
- Tempo di cottura **30 Minuti**
- Porzioni **4**

INGREDIENTI
- 2 patate
- 1 L di acqua fredda per ammollare delle patate
- 15 ml di olio
- 2 g di paprika
- Sale e pepe a piacere
- Ketchup o maionese per servire

PREPARAZIONE
Tagliare le patate a strisce e immergerle nell'acqua per 15 minuti.
Scolare le patate, sciacquarle con acqua fredda e asciugarle con carta assorbente.
Aggiungere olio e spezie alle patate mescolando finché non sono ricoperte uniformemente.

COTTURA PATATINE FRITTE FATTE IN CASA IN FRIGGITRICE AD ARIA
Accendere la friggitrice ad aria e impostare la temperatura a 200°.
Selezionare Patatine Fritte, regolare il tempo a 30 minuti e premere avvia. Assicurarsi di scuotere i cestelli a metà cottura.
Togliere i cestelli dalla friggitrice a fine cottura e condire le patate fritte con sale e pepe.
Servire con ketchup o maionese.

PATATE FRITTE DOLCI

- Difficoltà **Molto facile**
- Preparazione **10 Minuti**
- Tempo di cottura **10 Minuti**
- Porzioni **4**

INGREDIENTI
- 2 patate grandi dolci
- 15 ml di olio
- 10 g di sale
- 2 g di pepe nero
- 2 g di paprika
- 2 g di aglio in polvere
- 2 g di cipolle in polve

PREPARAZIONE
Tagliare le patate dolci a strisce di 25 mm di spessore. Aggiungere le patate dolci tagliate a una grande ciotola e condirle con l'olio fino a quando sono ricoperte uniformemente. Cospargere di sale, pepe nero, paprika, aglio in polvere e cipolla in polvere. Mescolare bene.

COTTURA PATATE FRITTE DOLCI IN FRIGGITRICE AD ARIA
Accendere la friggitrice ad aria e impostare la temperatura a 200°.
Mettere le patatine fritte nei cestelli preriscaldati e cuocere per 10 minuti a 200°. Assicurarsi di scuotere i cestelli a metà cottura.

PATATE PICCANTI

- Difficoltà **Molto facile**
- Preparazione **10 Minuti**
- Tempo di cottura **10 Minuti**
- Porzioni **2**

INGREDIENTI
- 500 g di patate
- 1 spicchio d'aglio
- q.b. erbe aromatiche (origano, salvia, timo)

- 1 rametto di rosmarino
- q.b. peperoncino (macinato o in polvere)
- q.b. di olio
- q.b. sale fino

PREPARAZIONE

Lavate bene le patate sotto acqua corrente, strofinando la buccia esterna in quanto non verranno pelate.

Tagliatele a spicchi e mettetele in una ciotola in ammollo in acqua fredda per almeno 15 minuti. Poi scolatele, tamponatele con carta assorbente e conditele con sale, erbe aromatiche tritate e peperoncino.

Mescolate bene in modo da insaporirle perfettamente. A questo punto potete già unire l'olio oppure procedere con i puff direttamente in friggitrice ad aria.

COTTURA PATATE PICCANTI IN FRIGGITRICE AD ARIA

Distribuite le patate direttamente sul cestello della friggitrice ad aria assieme al rosmarino e all'aglio: non mettete carta forno o stampi così da favorire la circolazione di aria in cottura.

Spruzzate le patate con olio e cuocete a 200° per 7-8 minuti a seconda della dimensione delle patate a spicchi.

Giratele, con un cucchiaio di legno o muovendo il cestello.

PIZZA BROCCOLI E PATATE

- Difficoltà **Molto facile**
- Preparazione **20 Minuti**
- Tempo di cottura **15 Minuti**
- Porzioni **4**

INGREDIENTI
- 300 g di broccoli lessi
- 300 g di patate lesse
- 20 g di parmigiano grattugiato

- 1 cucchiaio di pecorino grattugiato
- 150 g di scamorza affumicata
- 100 g di speck
- q.b. sale fino
- q.b. pepe nero

PREPARAZIONE

Pulite i broccoli ricavando le cimette. Pelate le patate.

Lessate le verdure: il consiglio è quelle di cuocerle al vapore o, comunque, di usare pochissima acqua per la cottura.

Dopo aver lessato broccoli e patate, schiacciate le patate con uno schiacciapatate fino a ridurle in purea.

Frullate i broccoli con un frullatore fino a renderli in purea.

Mescolate broccoli e patate. Salate, pepate, unite il parmigiano grattugiato e il pecorino. se preferite, anche un pizzico di noce moscata.

Rivestite uno stampo da 20 cm di carta forno o usate uno stampo con fondo estraibile o anche forato.

Stendete metà del composto ottenuto. Adagiate fette di speck e scamorza poi ricoprite con altri broccoli e patate.

Cospargete la superficie con parmigiano grattugiato.

COTTURA PIZZA BROCCOLI E PATATE IN FRIGGITRICE AD ARIA

Adagiate lo stampo nel cestello della friggitrice ad aria e azionatela a 200° per circa 15 minuti. Se la superficie dovesse scurirsi abbassata la temperatura.

Prima di estrarla dallo stampo lasciatela a temperatura ambiente dieci minuti.

POLENTA PROSCIUTTO E FORMAGGIO

- Difficoltà **Molto facile**
- Preparazione **10 Minuti**
- Tempo di cottura **10 Minuti**
- Porzioni **4**

INGREDIENTI

- 180 g di farina per polenta
- 750 ml di acqua
- 1 cucchiaino di sale fino
- 80 g di prosciutto cotto
- 80 g di formaggio emmental a fette
- 20 g di parmigiano grattugiato

PREPARAZIONE

Preparate la polenta seguendo le indicazioni riportate sul retro della confezione.

Fate bollire l'acqua con il sale in un tegame, possibilmente antiaderente.

Non appena bolle, versate la polenta a pioggia mescolando con un cucchiaio di legno in modo che non si formino grumi.

La cottura è di circa 10 minuti, verificate sempre quanto riportato sulla confezione.

Appena sarà pronta spegnete il fornello e fatela assestare un paio di minuti.

Nel frattempo preparate lo stampo per la gratinatura in friggitrice ad aria.

Foderate uno stampo con carta forno.

Fate uno strato di polenta, poi prosciutto cotto e formaggio a fette. Ricoprite con altra polenta livellandola bene e chiudendo i bordi esternamente. Cospargete in superficie con abbondante parmigiano grattugiato.

COTTURA IN FRIGGITRICE AD ARIA

Adagiate lo stampo sul cestello e azionate la friggitrice ad aria a 200° per 10 minuti o fino a doratura.

TORTA AL FORMAGGIO

- Difficoltà **Facile**
- Preparazione **30 Minuti**
- Tempo di cottura **20 Minuti**
- Porzioni **4**

INGREDIENTI

- 200 g di farina 0

- 50 g di farina integrale
- 2 uova
- 120 ml di latte
- 60 ml di olio di semi di mais
- 16 g di lievito in polvere per salati
- 30 g di grana grattugiato
- 20 g di parmigiano grattugiato
- 200 g di formaggi misti
- q.b. sale fino

PREPARAZIONE

In una ciotola unite la farina, la farina integrale, il sale, il lievito in polvere. Aggiungete poi soltanto il parmigiano e il grana. In un'altra ciotola unite quelli umidi: latte, uova, olio e mescolate con una frusta a mano o una forchetta.

Versate gli ingredienti umidi in quelli secchi mescolando con una spatola per amalgamarli bene. Sistemate l'impasto in uno stampo da 20-22 cm adatto al cestello della friggitrice ad aria. Se necessario con carta forno. Per queste ricette potete usare anche uno stampo forato.

COTTURA IN FRIGGITRICE AD ARIA

Azionate la friggitrice ad aria a 170° e cuocete per circa 20 minuti, verificando la cottura con uno stecchino di legno. Se necessario, prolungate per qualche altro minuto.

ZUCCA GRATINATA

- Difficoltà **Molto facile**
- Preparazione **10 Minuti**
- Tempo di cottura **10 Minuti**
- Porzioni **2**

INGREDIENTI

- 200 g di zucca
- q.b. Erbe aromatiche
- q.b. Sale fino
- 1 cucchiaino di Olio di oliva

PREPARAZIONE

Eliminate la buccia dalla zucca e tagliatela a fette piuttosto sottili, di un paio di millimetri. Se non riuscite con un coltello affilato, potete usare una mandolina o un'affetta verdure. Tagliatela delle dimensioni che più preferite. Disponetele direttamente sul cestello della friggitrice ad aria, senza carta **forno** né stampi. Spruzzate le fette di zucca con dei puff di olio usando il nebulizzatore oppure spennellatele con un pennello.

COTTURA ZUCCA GRATINATA IN FRIGGITRICE AD ARIA

Azionate la friggitrice ad aria a 200° e cuocetele per 5 minuti. Giratele e spruzzatele con qualche puff di olio. Proseguite la cottura per altri 5 minuti fino a che non risultano morbide. Ovviamente i tempi potranno variare a seconda della dimensione e dello spessore delle fette di zucca.

ZUCCA FUNGHI E SALSICCIA

- Difficoltà **Molto facile**
- Preparazione **10 Minuti**
- Tempo di cottura **8 Minuti**
- Porzioni **2**

INGREDIENTI

- 200 g di salsiccia
- 300 g di zucca
- 150 g di Funghi champignon
- 2 cucchiaini di Olio di oliva
- q.b. Sale fino
- q.b. Origano
- q.b. Erbe aromatiche

PREPARAZIONE

Sbucciate la zucca ricavandone la polpa, quindi tagliatela a cubetti di circa 1-2 cm. Tagliate la salsiccia in piccoli pezzetti e metteteli assieme alla zucca in una ciotola.

Condite con un cucchiaino di olio, sale fino ed origano o le erbe aromatiche che preferite. Mescolate bene per amalgamare i sapori e distribuire in maniera uniforme il condimento. Se usate i funghi freschi già puliti ed affettati conditeli direttamente in una ciotola con sale, origano ed un cucchiaino di olio di oliva o semplicemente qualche puff così da usarne meno. Trascorsi i primi minuti di cottura aggiungete i funghi alla zucca e salsiccia direttamente sul cestello.

COTTURA IN FRIGGITRICE AD ARIA

Disponete zucca e salsiccia direttamente sul cestello della friggitrice ad aria senza stampi o carta forno. Se la salsiccia è molto grassa potete mettere mezzo bicchiere di acqua sul fondo del cestello così non caccerà odori durante la cottura dovuti al grasso che colerà dalla salsiccia, cadendo sul fondo.

Azionate la friggitrice ad aria a 180° e cuocete per 8 minuti o il tempo necessario a dare una prima rosolatura: i tempi possono variare a seconda del modello.

FINOCCHI GRATINATI

- Difficoltà **Molto facile**
- Preparazione **10 Minuti**
- Tempo di cottura **10 Minuti**
- Porzioni **2**

INGREDIENTI

- 1 finocchio
- 3 cucchiai Pangrattato
- 1 cucchiaino di Olio Evo
- q.b. Erbe aromatiche (origano, timo, salvia, prezzemolo)
- q.b. Sale fino

PREPARAZIONE

Lavate i finocchi, eliminate le parti esterne e tagliateli a fette sottili, meno di mezzo centimetro. Scolateli bene per evitare l'acqua in eccesso e metteteli in una ciotola

Unite l'olio e il pangrattato (potete aumentare o ridurre la dose a seconda della gratinatura che preferite).

Aggiungete il sale e le erbe aromatiche tritate che più preferite.

Mescolate bene per distribuire la panatura perfettamente.

COTTURA FINOCCHI GRATINATI IN FRIGGITRICE AD ARIA

Adagiate i finocchi direttamente sul cestello della friggitrice ad aria, senza carta forno. Potete fare ancora qualche puff di olio di oliva. Azionate la friggitrice ad aria a 200° e cuocete per circa 7 minuti.

SFOGLIA ZUCCHINE, RICOTTA E PACHINI

- Difficoltà **Facile**
- Preparazione **10 Minuti**
- Tempo di cottura **20 Minuti**
- Porzioni **2**

INGREDIENTI
- 1 rotolo di pasta sfoglia rotonda
- 2 Zucchine
- 20 – 30 pachini
- 250 g di ricotta vaccina
- 2 cucchiai di parmigiano
- 1 cucchiaino di Olio di oliva
- q.b. sale e pepe
- 2-3 foglie basilico fresco

PREPARAZIONE
Srotolate la pasta sfoglia sul piano di lavoro lasciando la carta forno sotto, in questo modo potrete prendere le misure del cestello ma, se preferite, potete procedere anche usando uno stampo che vada perfettamente nel cestello ignorando i passaggi successivi e andando direttamente alla preparazione del ripieno. Staccata la base del cestello e adagiatelo sulla pasta sfoglia facendo dei "segnetti" sulla sfoglia così da sapere dove aggiungere il ripieno.

Preparate, quindi, il ripieno: lavorate la ricotta con il parmigiano e aggiungete sale e pepe. Dovrete ottenere una crema.

Lavate i pomodori e le zucchine, spuntate queste ultime e tagliate tutto a rondelle o fettine. Mettete in una ciotola e condite con l'olio di oliva, sale e pepe. Sminuzzate il basilico e unitelo alle verdure.

Sulla sfoglia fate uno strato di zucchine poi unite la ricotta e poi ancora uno strato di zucchine e pomodori alternandoli.

Richiudete i bordi della pasta sfoglia sul ripieno e, delicatamente, aiutandovi con la carta forno o con un tagliere, mettete la sfoglia sul cestello della friggitrice ad aria ed eliminate la carta forno.

COTTURA IN FRIGGITRICE AD ARIA

Azionate la friggitrice ad aria a 200° e cuocete per circa 20 minuti controllando che il fondo sia ben dorato e croccante.

FETA GRECA AL CARTOCCIO

- Difficoltà **Molto facile**
- Preparazione **10 Minuti**
- Tempo di cottura **5 Minuti**
- Porzioni **1**

INGREDIENTI
- 200 g di Feta greca
- 15 pomodorini
- 10-12 olive nere e verdi
- q.b. Origano
- 1 cucchiaino di Olio di oliva

PREPARAZIONE
Adagiate la feta in un foglio di carta forno che possa contenerla avvolgendola.

Conditela con olio di oliva e origano e aggiungete pomodorini e olive sia intorno che in superficie.

Chiudete la carta forno lasciando spazio all'interno. Se preferite, potete anche non chiuderla del tutto soprattutto se la cuocete con friggitrice ad aria.

COTTURA FETA GRECA AL CARTOCCIO IN FRIGGITRICE AD ARIA

Cuocete a 180° per circa 8 minuti fino a che non sarà morbida e succulenta.

PEPERONI GRATINATI

- Difficoltà **Molto facile**
- Preparazione **5 Minuti**
- Tempo di cottura **20 Minuti**
- Porzioni **3**

INGREDIENTI

- 3 Peperoni
- Q.b. sale e pepe

PREPARAZIONE

Lavate bene i peperoni, scegliendo quelli perfetti e senza ammaccature.

Asciugateli con cura tamponando la superficie. Non serve tagliarli né togliere picciolo e semi.

COTTURA PEPERONI GRATINATI IN FRIGGITRICE AD ARIA

Sistemate i peperoni direttamente sul cestello della friggitrice ad aria. Azionate e cuocete a **200°** per 18 minuti girandoli un paio di volte in modo da cambiare lato.

TORTA DI RISO

- Difficoltà **Molto facile**
- Preparazione **20 Minuti**
- Tempo di cottura **7 Minuti**
- Porzioni **4**

INGREDIENTI

- 400 g di riso
- 300 ml di Passata di pomodoro
- 150 g di provolone dolce
- 10 fette di melanzane grigliate
- 1 uovo
- 3 foglie di Basilico

- 30 g di parmigiano grattugiato
- q.b. Sale fino

PREPARAZIONE

Lessate il riso in abbondante acqua salata cuocendolo 1-2 minuti in meno rispetto al termine riportato sulla confezione. Scolatelo bene eliminando l'acqua in eccesso. Mettetelo in una ciotola capiente. Aggiungete l'uovo, la passata di pomodoro, il parmigiano e le foglie di basilico sminuzzate.

Mescolate con un cucchiaio amalgamando tutti gli ingredienti. Foderate uno stampo o tortiera con carta forno.

Versate metà del riso. Farcite con melanzane grigliate e formaggio a cubetti. Versate l'altra metà del riso e condite la superficie con passata di pomodoro e parmigiano.

COTTURA TORTA DI RISO IN FRIGGITRICE AD ARIA

Mettete lo stampo sul cestello della friggitrice ad aria e cuocete a 180° per 7 minuti circa, e un paio di minuti a 200°.

TORTA RUSTICA ALLO STRACCHINO

- Difficoltà **Molto facile**
- Preparazione **10 Minuti**
- Tempo di cottura **10 Minuti**
- Porzioni **3**

INGREDIENTI

- 1 rotolo di pasta sfoglia
- 150 g di Stracchino
- q.b. semi di papavero

PREPARAZIONE

Dividete la pasta sfoglia in due parti uguali, formando due rettangoli.

Su metà di essa spalmate lo stracchino tenendovi lontani dai bordi per 1 cm.

Chiudete la sfoglia sovrapponendo l'altra metà dopodiché chiudete bene i bordi, arrotolandoli su sé stessi.

Con un coltello ben affilato incidete la sfoglia formando un reticolato, non serve tagliarla fino in fondo ma solo inciderla. Cospargete la superficie con semi di papavero o di sesamo.

COTTURA TORTA RUSTICA ALLO STRACCHINO IN FRIGGITRICE AD ARIA

Procedete adagiando la sfoglia direttamente sul cestello della friggitrice ad aria, anche senza carta forno. Cuocete a 200° per 6 minuti dopodiché giratela delicatamente e cuocete per un altro paio di minuti.

POLPETTE PROVOLA E PATATE

- Difficoltà **Facile**
- Preparazione **20 Minuti**
- Tempo di cottura **25 Minuti**
- Porzioni **4**

INGREDIENTI

- 400 g di carne macinata mista
- 150 g di mollica di pane raffermo
- 1 uovo
- 30 g di parmigiano grattugiato
- 1 patata media
- 1 ciuffo di Prezzemolo
- 4 Patate (per contorno)
- 150 g di provola affumicata
- q.b. Sale fino
- q.b. Olio di oliva
- q.b. Erbe aromatiche

PREPARAZIONE

Mettete in ammollo la mollica di pane raffermo in una ciotola con acqua per 5 minuti o fino a che non risulta morbida.
In una ciotola unite la carne, l'uovo, il parmigiano, il prezzemolo tritato e il sale. Strizzate bene la mollica di pane e sbriciolatela nell'impasto. Pelate e grattugiate la patata con una grattugia a fori grandi, da cruda.

Impastate con le mani amalgamando bene tutti gli ingredienti. Fate delle polpettine di dimensioni di una pallina da ping-pong.

COTTURA POLPETTE PROVOLA E PATATE IN FRIGGITRICE AD ARIA

Sistemate le polpettine direttamente sul cestello oppure su un foglio di carta forno. Aggiungete una tazzina di acqua sul fondo della friggitrice: impedirà che la cottura della carne possa creare un po' di odore o fumo.
Fate cuocere per 5 minuti a 180° girandole dopo un paio di minuti.
Nel frattempo pelate le patate, lavatele con cura e tagliatele a dadini non troppo grandi.
Insaporitele con aromi, poco olio e sale fino. Mescolatele con le mani.
A questo punto, se avete usato la carta forno potete eliminarla. Aggiungete le patate e cuocete ancora per 12-15 minuti a 200° fino a cottura delle patate, mescolando di tanto in tanto.

SCACCHIERA DI ZUCCHINE

- Difficoltà **Molto facile**
- Preparazione **20 Minuti**
- Tempo di cottura **12 Minuti**
- Porzioni **2**

INGREDIENTI

- 2 zucchine lunghe
- 100 g di Pangrattato
- 50 g di Parmigiano
- q.b. Olio di oliva
- q.b. Erbe aromatiche
- q.b. Sale fino

PREPARAZIONE

Lavate le zucchine, spuntatele alle estremità e tagliatele nel senso della lunghezza in due parti. Con un coltello affilato incide tutta le zucchine facendo dei tagli incrociati, a mo' di scacchiera.

Non incidete la zucchina esterna, per cui non fate dei tagli molto profondi andando a tagliare l'esterno. Quindi, aprite i "tagli" con le mani in modo da creare spazio da una insenatura e l'altra.

Aiutandovi con un cucchiaino, riempite ogni insenatura con la panatura al parmigiano facendo in modo che aderisca bene. Aggiungete la restante panatura in superficie. Cospargete le zucchine con un po' di olio, magari spruzzandolo con un nebulizzatore. Adagiate le zucchine su una leccarda ricoperta di carta forno.

COTTURA DELLA SCACCHIERA DI ZUCCHINE IN FRIGGITRICE AD ARIA

Sistemate le zucchine direttamente sul cestello a retina e cuocete a 200° per 12 minuti, verificando che la zucchina sia morbida.

SFIZIOSITA'

FAGOTTINI DI MELANZANE ALLA PIZZAIOLA

- Difficoltà **Facile**
- Preparazione **20 Minuti**
- Tempo di cottura **15 Minuti**
- Porzioni **4**

INGREDIENTI

- 4 melanzane lunghe
- 300 ml di Passata di pomodoro
- 500 g di ricotta vaccina
- 30 g di parmigiano grattugiato
- 4-5 foglie di basilico fresco
- 150 g di scamorza
- q.b. Sale fino
- q.b. Olio di oliva

PREPARAZIONE

Lavate le melanzane, spuntatele e tagliatele a fette sottili.

Grigliatele su una piastra ben calda oppure disponetele su una leccarda ricoperta di carta forno e infornatele a 200° per 15 minuti.

Preparate il ripieno: in una ciotola mettete la ricotta sgocciolata, aggiungete il parmigiano, metà della scamorza a dadini, sale fino e basilico sminuzzato.

Mescolate bene per amalgamare tutti gli ingredienti e rendere la ricotta cremosa.

Preparate i fagottini: adagiate 4 fette di melanzana incrociandole due a due. Aggiungete il ripieno con un cucchiaio e chiudete il fagottino.

Preparate il pomodoro: in una ciotola unite la passata, conditela con poco olio, sale e basilico fresco.

Mettete qualche cucchiaio di pomodoro sul fondo di una pirofila, adagiate i fagottini e ricopriteli con sugo, scamorza a dadini e parmigiano grattugiato.

COTTURA IN FRIGGITRICE AD ARIA

Cuocete gli involtini a 200° per 10 minuti, controllate che siano asciutti e gratinati altrimenti proseguite per altri 5-10 minuti.

TOAST ALLA FRANCESE

- Difficoltà **Molto facile**
- Preparazione **10 Minuti**
- Tempo di cottura **10 Minuti**
- Porzioni **1**

INGREDIENTI

- 1 fetta di pane brioche
- 100 g di crema di formaggio
- 2 uova
- 15 ml di latte
- 30 ml di crema pesante
- 38 g di zucchero
- 3 g di cannella
- 2 ml di estratto di vaniglia
- Spray da cucina antiaderente
- Pistacchi, tritati, per guarnire

PREPARAZIONE

Tagliare una fessura nel mezzo della fetta di brioche. Riempire l'interno della fessura con crema di formaggio e mettere da parte. Sbattere insieme le uova, il latte, la panna, lo zucchero, la cannella e l'estratto di vaniglia. Immergere il toast ripieno nel composto di uova su ciascun lato.

Spruzzare ciascun lato del toast alla francese con uno spray da cucina.

COTTURA IN FRIGGITRICE AD ARIA

Accendere la friggitrice ad aria e impostare la temperatura a 180°.

Mettere il toast nella friggitrice preriscaldata e cuocere per 10 minuti.

Rimuovere accuratamente il toast con una spatola quando è cotto. Servire con pistacchi tritati e sciroppo d'acero

PANE ALL'AGLIO

- Difficoltà **Molto facile**
- Preparazione **10 Minuti**
- Tempo di cottura **10 Minuti**
- Porzioni **4**

INGREDIENTI
- 1 baguette francese
- 4 spicchi d'aglio tritati
- 40 g di burro
- 15 ml di olio d'oliva
- 10 g di parmigiano grattugiato
- 8 g di prezzemolo appena tritato

PREPARAZIONE
Tagliare la baguette a metà per lungo, poi ogni pezzo ridividere a metà.
Unire aglio, burro e olio d'oliva per formare una pasta.
Distribuire uniformemente la pasta sul pane e cospargerla di parmigiano.
Mettere il pane nella friggitrice preriscaldata.

COTTURA PANE ALL'AGLIO IN FRIGGITRICE AD ARIA
Accendere la friggitrice ad aria e impostare la temperatura a 160°. Cuocere per circa 10 minuti. Guarnire con prezzemolo fresco tritato al termine della cottura.

MUFFIN AL FORMAGGIO

- Difficoltà **Molto facile**
- Preparazione **10 Minuti**
- Tempo di cottura **15 Minuti**
- Porzioni **6**

INGREDIENTI
- 60 g di farina 00
- 80 g di farina di mais
- 40 g di zucchero bianco
- 6 g di sale
- 7 g di lievito in polvere
- 120 ml di latte
- 45 g di burro fuso
- 1 uovo
- 150 g di mais
- 3 scalogni tritati
- 120 g di formaggio Cheddar grattugiato
- Spray da cucina antiaderente

PREPARAZIONE
Unire farina, farina di mais, zucchero, sale e lievito in una ciotola e mischiare.
Sbattere insieme latte, burro e uova fino a quando non saranno ben combinati.
Mescolare gli ingredienti secchi in ingredienti umidi. Unire mais, scalogno e formaggio Cheddar.

COTTURA IN FRIGGITRICE AD ARIA
Accendere la friggitrice ad aria e impostare la temperatura a 160°.
Aggiungere i muffin nella friggitrice preriscaldata. Selezionare Pane, regolare il tempo a 15 minuti e premere Avvia.
Servire i muffin con il burro o così come sono.

BISCOTTI AL CHEDDAR

- Difficoltà **Molto facile**
- Preparazione **10 Minuti**
- Tempo di cottura **12 Minuti**
- Porzioni **4**

INGREDIENTI
- 5 g di lievito per dolci
- 5 g di sale kosher
- 4 g di zucchero
- 1 g di bicarbonato di sodio
- 200 g di farina per tutti gli usi
- Burro non salato da 100g
- 60 g di Cheddar grattugiato
- 100 g di Burro sciolto

PREPARAZIONE

Setacciare il lievito, il sale, lo zucchero, il bicarbonato e la farina.
Tagliare il burro freddo usando un frullatore o un robot da cucina.
Mescolare il formaggio Cheddar e il burro sciolto finché non diventa pasta. L'impasto dovrebbe sembrare asciutto.
Formare l'impasto in un quadrato spesso 15 mm. Tagliare i biscotti rotondi usando un taglierino.

COTTURA IN FRIGGITRICE AD ARIA

Accendere la friggitrice ad aria e impostare la temperatura a 175°.
Rivestire i cestelli della friggitrice preriscaldata con carta da forno.
Spennellare i biscotti con burro fuso e metterli sopra la carta da forno.
Cuocere i biscotti a 175° C per 12 minuti.

MAIS TOSTATO

- Difficoltà **Molto facile**
- Preparazione **5 Minuti**
- Tempo di cottura **10 Minuti**
- Porzioni **1**

INGREDIENTI

- 1 Pannocchia di mais
- 15 g di burro fuso
- 2 g di sale

PREPARAZIONE

Spennellare il burro fuso su tutto il mais e condire con il sale.
Mettere il mais nella friggitrice ad aria preriscaldata.

COTTURA MAIS TOSTATO IN FRIGGITRICE AD ARIA

Accendere la friggitrice ad aria e impostare la temperatura a 170°.
Selezionare Ortaggi da Radice, regolare il tempo a 10 minuti e premere Avvia.
Capovolgere il mais a metà cottura.

TORTILLAS DI MAIS

- Difficoltà **Molto facile**
- Preparazione **5 Minuti**
- Tempo di cottura **8 Minuti**
- Porzioni **3**

INGREDIENTI

- 3 tortillas di mais
- 20 ml di olio d'oliva
- 2 g di sale
- Salsa per servire

PREPARAZIONE

Tagliare le tortillas a metà, poi ogni metà in quarti, per un totale di 8 pezzi per tortilla.
Mettere le tortillas nell'olio d'oliva e nel sale finché tutte le patatine sono ben coperte.

COTTURA TORTILLAS DI MAIS IN FRIGGITRICE AD ARIA

Accendere la friggitrice ad aria e impostare la temperatura a 150°.
Mettere le patatine di tortillas nella friggitrice preriscaldata e cuocere per 8 minuti a 150° C. Scuotere i cestelli a metà cottura. Servire con salse a piacere.

CORDON BLEU

- Difficoltà **Molto facile**
- Preparazione **15 Minuti**
- Tempo di cottura **12 Minuti**
- Porzioni **2**

INGREDIENTI

- 4 fettine di carne di vitello
- 2 fette di scamorza
- 2 fette di Prosciutto cotto
- 3 taralli medi
- 1 uovo
- 1 cucchiaino di Olio di oliva
- q.b. Sale fino

PREPARAZIONE

Sminuzzate i taralli con un mixer in maniera grossolana: non dovrete ottenere una farina ma una granella deliziosa.

Farcite metà delle fettine di carne di vitello con prosciutto cotto, scamorza e ancora prosciutto cotto. Coprite con un'altra fettina di carne, avendo cura di sigillare bene i bordi. Sbattete l'uovo con un pizzico di sale. Immergete il cordon bleu e delicatamente fate in modo che sia ricoperto totalmente dall'uovo. Passatelo, quindi, nella panatura di taralli e pressate affinché aderisca perfettamente.

COTTURA CORDON BLEU IN FRIGGITRICE AD ARIA

Adagiate i cordon bleu su carta forno e direttamente sul cestello della friggitrice. Cuocete a 200° per 10-12 minuti fino a doratura. La carta forno potete toglierla dopo 2-3 minuti.

POMODORI GRATINATI

- Difficoltà **Molto facile**
- Preparazione **10 Minuti**
- Tempo di cottura **5 Minuti**
- Porzioni **2**

INGREDIENTI

- 2 pomodori tondi
- 40 g di Pangrattato
- 30 g di Parmigiano
- 1 cucchiaino di Olio di oliva
- q.b. Erbe aromatiche
- q.b. Sale fino

PREPARAZIONE

Lavate bene i pomodori, asciugateli ed eliminate il picciolo. Tagliateli in due parti in senso orizzontale. Con uno scavino, o un coltello affilato, svuotate i pomodori eliminando tutta la polpa. Con carta assorbente asciugateli bene internamente, tamponandoli delicatamente. Metteteli a testa in giù su un tagliere e procedete alla preparazione della panatura.

In una ciotola mescolate il pangrattato e il parmigiano. Unite il sale, le erbe aromatiche tritate e l'olio di oliva e mescolate bene.

Riempite i pomodori con la panatura, aiutandovi con un cucchiaio. Spruzzate la panatura con olio di oliva.

COTTURA IN FRIGGITRICE AD ARIA

Sistemate la pirofila nel cestello e cuocete a 200° per 6 minuti fino a doratura.

CALZONI ALLA PIZZAIOLA

- Difficoltà **Molto facile**
- Preparazione **20 Minuti**
- Tempo di cottura **10 Minuti**
- Porzioni **4**

INGREDIENTI

- 300 g di farina 0
- 130 ml di Acqua
- 5 g di Lievito di birra fresco
- q.b. Sale fino

Per il ripieno

- 150 g di Mozzarella
- q.b. di Passata di pomodoro
- 4 foglie basilico fresco
- q.b. Origano
- q.b. Sale fino
- 1 cucchiaino Olio di oliva

PREPARAZIONE

Preparate l'impasto procedendo a mano o con planetaria: mettete la farina in una ciotola.

Sciogliete il lievito di birra fresco nell'acqua a temperatura ambiente e aggiungetela poco alla volta alla farina mentre mescolate con le mani o con il gancio della planetaria.

Unite anche l'olio di oliva e impastate. Infine aggiungete il sale e impastate fino a che non sarà ben incordato.

Formate un panetto, lavorandolo sul piano di lavoro, e mettetelo a lievitare in un luogo caldo e lontano da correnti d'aria.
Il tempo necessario al raddoppio è di circa un'ora, a seconda della temperatura ambiente. Riprendete, quindi, l'impasto e rovesciatelo sul piano di lavoro. Dividetelo in 4 panetti di uguale pesto.
Ogni panetto dovrete stenderlo con un matterello formando un disco.
Lo spessore del disco dovrà essere di mezzo centimetro circa. Su metà di esso mettete passata di pomodoro, sale, origano, mozzarella (ben sgocciolata) e basilico. Chiudete a mezzaluna sigillando bene i bordi del calzone. Spennellate la superficie con olio di oliva e cospargete con sale e origano.

COTTURA IN FRIGGITRICE AD ARIA
Adagiate i calzoni direttamente sul cestello della friggitrice ad aria e cuocete a 200° per 3 minuti dopodiché girateli delicatamente e procedete per altri 3 minuti circa fino a doratura.

POMODORINI FRITTI

- Difficoltà **Molto facile**
- Preparazione **10 Minuti**
- Tempo di cottura **20 Minuti**
- Porzioni **3**

INGREDIENTI
- 250 g di pomodorini pachino
- q.b. origano secco
- q.b. zucchero di canna
- 1 cucchiaino di Olio di oliva
- q.b. Sale fino

PREPARAZIONE
Lavate bene i pomodorini dopodiché asciugateli con un panno pulito. Tagliateli a metà e metteteli in una ciotola. Conditeli con olio di oliva, sale fino, origano secco, zucchero di canna e mescolate per amalgamare tutti gli ingredienti.

In questo modo avrete una cottura uniforme e saranno perfettamente saporiti.

COTTURA POMODORINI FRITTI IN FRIGGITRICE AD ARIA
Distribuiteli, quindi, direttamente sul cestello della friggitrice ad aria, con la metà "tagliata" rivolta verso l'alto. Cospargete ancora con un po' di zucchero di canna. Cuocete a 160° per 10 minuti poi a 180° per altri 5 minuti e poi a 200° gli ultimi 5 minuti.

FAGOTTINI ZUCCA E SALSICCIA

- Difficoltà **Molto facile**
- Preparazione **10 Minuti**
- Tempo di cottura **8 Minuti**
- Porzioni **2**

INGREDIENTI
- 200 g di salsiccia tipo luganega
- 300 g di zucca
- 2 cucchiaini di Olio di oliva
- q.b. Sale fino
- q.b. Origano
- q.b. Erbe aromatiche

PREPARAZIONE
Sbucciate la zucca ricavandone la polpa, quindi tagliatela a cubetti di circa 1-2 cm. Tagliate la salsiccia in pezzetti piuttosto piccoli e metteteli assieme alla zucca in una ciotola. Condite con un cucchiaino di olio, sale fino ed origano o le erbe aromatiche che preferite. Mescolate bene per amalgamare i sapori e distribuire in maniera uniforme il condimento.

COTTURA IN FRIGGITRICE AD ARIA
Disponete zucca e salsiccia direttamente sul cestello della friggitrice ad aria senza stampi o carta forno.
Azionate la friggitrice ad aria a 180° e cuocete per 8 minuti o il tempo necessario a dare una prima rosolatura.

STRACCETTI DI ZUCCA

- Difficoltà **Molto facile**
- Preparazione **5 Minuti**
- Tempo di cottura **10 Minuti**
- Porzioni **2**

INGREDIENTI
- 200 g di zucca
- 1 cucchiaino di Olio di oliva
- q.b. Erbe aromatiche
- q.b. Sale fino

PREPARAZIONE
Eliminate la buccia dalla zucca e tagliatela a fette piuttosto sottili, di un paio di millimetri. Se non riuscite con un coltello affilato, potete usare una mandolina o un'affetta verdura. Tagliatela delle dimensioni che più preferite.
Disponetele direttamente sul cestello della friggitrice ad aria, senza carta forno né stampi. Spruzzate le fette di zucca con dei puff di olio.

COTTURA STRACCETTI DI ZUCCA IN FRIGGITRICE AD ARIA
Azionate la friggitrice ad aria a 200° e cuocetele per 4 minuti. Giratele e spruzzatele con qualche puff di olio. Proseguite la cottura per altri 4 minuti fino a che non risultano morbide. Ovviamente i tempi potranno variare a seconda della dimensione e dello spessore delle fette di zucca.

PANETTONE SALATO

- Difficoltà **Molto facile**
- Preparazione **20 Minuti**
- Tempo di cottura **30 Minuti**
- Porzioni **4**

INGREDIENTI
- 250 g di farina 0
- 2 uova
- 140 ml di latte
- 50 ml di olio di semi
- 50 g di parmigiano grattugiato
- 10 g di pecorino grattugiato
- 50 g di speck
- 50 g di prosciutto crudo
- 50 g di prosciutto cotto
- 150 g di formaggio emmental
- 1 bustina di lievito in polvere per salati
- q.b. sale fino
- q.b. pepe nero
- 15 mandorle

PREPARAZIONE
Separate gli ingredienti secchi da quelli umidi. In una ciotola miscelate la farina, il lievito setacciato, il parmigiano, il pecorino, sale e pepe.
In un'altra ciotola miscelate le uova con il latte e l'olio di semi. Unite, quindi, gli ingredienti umidi in quelli secchi miscelando con una spatola o una forchetta.
Aggiungete gli affettati a dadini o spezzettato e il formaggio a dadini.
Amalgamate bene gli ingredienti fino ad ottenere un impasto uniforme. Versatelo nello stampo con carta da forno. In superficie cospargete le mandorle pelate e sgusciate, un po' di parmigiano grattugiato e dei rametti di rosmarino.

COTTURA PANETTONE SALATO IN FRIGGITRICE AD ARIA
Adagiate lo stampo sul cestello della friggitrice ad aria e cuocete a 160° per 25 minuti poi ulteriori 5 minuti a 180° verificando la cottura con uno stecchino di legno.

STRUFFOLI ALLA STREGA

- Difficoltà **Facile**
- Preparazione **30 Minuti**
- Tempo di cottura **25 Minuti**
- Porzioni **4**

INGREDIENTI

- 300 g di farina 0
- 3 uova
- 30 g di zucchero semolato
- 60 ml di olio di semi
- 60 ml di liquore (Strega)
- 1 bustina di vanillina
- 1 pizzico di sale fino
- 1 pizzico di lievito in polvere per dolci
- q.b. olio di semi

Per la copertura

- 200 g di miele millefiori
- 30 g di burro
- q.b. Confettini colorati
- q.b. canditi

PREPARAZIONE

Preparate l'impasto: nella ciotola della planetaria, o sul piano di lavoro, mettete la farina. Unite le uova, lo zucchero, il liquore e l'olio. Iniziate ad impastare, poi unite la vanillina, il pizzico di sale e il lievito in polvere. Poi unite anche le altre uova. Dovrete ottenere un panetto morbido e non appiccicoso.

Tagliate il panetto in tanti pezzetti che andrete a stenderli e rotolarli formando dei cordoncini dello stesso spessore, massimo 1 cm. Tagliate i cordoncini con un tocco o un coltello, cercando di ottenere pezzetti di uguale dimensioni. Arrotolateli nei palmi delle mani uno ad uno.

Sciogliete il miele in una pentola o padella antiaderente assieme ad una noce di burro. Quando si sarà fuso versate gli struffoli. Unite canditi, cedri, confettini e ciò che preferite. Mescolate fino ad amalgamarli perfettamente. A questo punto disponete gli struffoli sul piatto o vassoio di portata.

COTTURA IN FRIGGITRICE AD ARIA

Adagiate gli struffoli sul cestello e spruzzateli con qualche puff di olio. Cuoceteli a 200° per 6 minuti, aprendo il cestello un paio di volte, spruzzando ancora qualche puff e mescolandoli o agitando il cestello.

Quando avranno raggiunto la giusta doratura possono essere tolti dal cestello e potete procedere ad una seconda cottura.

CROSTINI DI PANE

- Difficoltà **Molto facile**
- preparazione **10 Minuti**
- Tempo di cottura **5 Minuti**
- Porzioni **3**

INGREDIENTI

- q.b. di pane raffermo
- q.b. erbe aromatiche (timo, rosmarino, salvia, origano)
- q.b. sale fino
- q.b. puff di olio di oliva

PREPARAZIONE

Tagliate il pane a cubetti facendo in modo che siano più o meno delle stesse dimensioni. Potete usare sia la mollica che la crosta esterna per fare i crostini, a seconda della vostra preferenza.

Mettete i tocchetti di pane in una ciotola ed insaporiteli con sale e le erbe aromatiche tritate (timo, rosmarino, salvia, origano e peperoncino).

Mescolate in modo che siano perfettamente insaporite. Adagiate i cubetti di pane direttamente sul cestello della friggitrice ad aria.

COTTURA CROSTINI DI PANE IN FRIGGITRICE AD ARIA

Azionate la friggitrice ad aria a 200° e cuoceteli per 3-4 minuti, fino a che non risultano dorati e della croccantezza che desiderate.

CASTAGNE

- Difficoltà **Molto facile**
- preparazione **10 Minuti**
- Tempo di cottura **20 Minuti**
- Porzioni **3**

INGREDIENTI
- 30 Castagne

PREPARAZIONE
Incidete le castagne in superficie dalla parte bombata: potete decidere di fare un singolo taglio oppure un taglio a croce, più carino perché si apre "a punta" in cottura.

COTTURA CASTAGNE IN FRIGGITRICE AD ARIA
Sistemate le castagne direttamente sul cestello, con la parte incisa e bombata verso l'alto. Azionate la friggitrice a 180° e cuocete per 15-20 minuti a seconda della dimensione delle castagne.

CIAMBELLE CON LO ZUCCHERO

- Difficoltà **Molto facile**
- preparazione **20 Minuti**
- Tempo di cottura **15 Minuti**
- Porzioni **8**

INGREDIENTI
- 250 g di farina
- 150 g di patate lesse
- 1 tuorlo
- 50 g di burro
- 2 g di lievito di birra fresco
- 1 pizzico di sale fino
- q.b. zucchero semolato
- q.b. puff di olio di semi

PREPARAZIONE
Preparate l'impasto almeno 12 ore prima così da ottenere una lievitazione perfetta.
Potete procedere impastando a mano, su una spianatoia, oppure nella planetaria.
Mettete nella ciotola della planetaria la farina, al centro unite le patate lesse ridotte in purea. Unite il tuorlo d'uovo poi il burro morbido e il lievito sciolto in pochissima acqua o latte. Infine, unite un pizzico di sale e impastate fino ad ottenere un impasto omogeneo.

Lavoratelo a mano sulla spianatoia per dargli la forma di un panetto e mettetelo a lievitare in una ciotola leggermente infarinata per 10-12 ore.
Al mattino, rovesciate l'impasto sul piano di lavoro infarinato, stendetelo con un matterello e ritagliate le ciambelle con due taglie biscotti di diametro differente oppure una formina apposita.
Mettete ciascuna ciambella su un quadratino di carta forno e coprite con un panno pulito.
Fate lievitare ancora per 1-2 ore fino al raddoppio.

COTTURA CIAMBELLE CON LO ZUCCHERO IN FRIGGITRICE AD ARIA
Ritagliate la carta forno seguendo la forma della ciambella.
Preriscaldate la friggitrice ad aria a 200° per 3 minuti poi adagiate le ciambelle sul cestello.
Spruzzatele con qualche puff di olio in modo da coprirle interamente.
Cuocetele per 2-3 minuti poi giratele eliminando la carta forno, spruzzatele ancora con un po' di olio e cuocete per altri 2 minuti.
Dopo averle cotte passatele nello zucchero.

CASTAGNOLE

- Difficoltà **Molto facile**
- Preparazione **15 Minuti**
- Tempo di cottura **15 Minuti**
- Porzioni **3**

INGREDIENTI
- 150 g di Farina00
- 1 Uovo
- 40 g di Zucchero semolato
- 35 ml di Olio di semi di mais
- 1 cucchiaio di Liquore Strega
- 1 pizzico di Sale fino
- 1 bustina di Vanillina

- 1 cucchiaino di lievito in polvere
- puff di olio di semi

PREPARAZIONE

Preparate l'impasto delle castagnole: potete procedere a mano oppure in planetaria. Mettete la farina e al centro aggiungete l'uovo intero.

Poi aggiungete l'olio di semi, il liquore e infine, lievito e vanillina. Aggiungete anche un pizzico di sale.

Impastate fino ad ottenere un panetto morbido e lavorabile, che non sia appiccicoso.

Avvolgete il panetto in un foglio di pellicola e riponetelo in frigorifero per mezz'ora.

COTTURA CASTAGNOLE IN FRIGGITRICE AD ARIA

Azionate la friggitrice ad aria a 200 e fatela riscaldare per un paio di minuti.

Formate le palline facendo roteare i pezzetti nei palmi delle mani e adagiateli sulla carta forno.

Spruzzate le castagnole con olio di semi in maniera uniforme.

Cuocete per i primi 3 minuti, aprendo il cestello solo una volta e facendo ancora qualche puff.

Trascorso il tempo, giratele delicatamente, fate qualche puff di olio e continuate la cottura fino a doratura completa.

Appena cotte, passatele velocemente nello zucchero semolato.

A questo punto potete procedere con la seconda cottura.

DOLCI

CHIACCHIERE DI CARNEVALE

- Difficoltà **Molto facile**
- Preparazione **20 Minuti**
- Tempo di cottura **5 Minuti**
- Porzioni **6**

INGREDIENTI
- 125 g di farina
- 25 g di zucchero a velo
- 1 uovo
- 10 ml di olio di semi
- 1 cucchiaio di liquore allo Strega
- 1 bustina di vanillina
- 1 pizzico di lievito in polvere per dolci
- puff di olio di semi

PREPARAZIONE
Preparate l'impasto delle chiacchiere: per il quantitativo di ingredienti consiglio di impastare direttamente a mano.
In una ciotola mettetela farina, al centro l'uovo, poi lo zucchero a velo e iniziate a mescolare con le mani o una forchetta.
Poi aggiungete il liquore o il vino bianco, la vanillina, l'olio, il lievito e un pizzico di sale.
Impastate formando un panetto, rovesciandolo sul piano di lavoro leggermente infarinato.
Stendete la pasta con un matterello sottilmente oppure con la nonna papera: dovrete ottenere una sfoglia di un paio di millimetri. Più sottile sarà, più fragranti risulteranno.
Quindi, con una rotella stellata tagliate le striscioline della dimensione di un rettangolo. Riponetele su un vassoio leggermente infarinato in frigo per circa mezz'ora.

COTTURA IN FRIGGITRICE AD ARIA
Azionate la friggitrice ad aria preriscaldandola a 200° per un paio di minuti. Adagiate le chiacchiere, che avrete tirato al momento fuori dal frigorifero, direttamente sul cestello della friggitrice ad aria, anche poco distanti l'una dall'altra. Spruzzatele con olio di semi.
Cuocetele a 200° per 3 minuti fino a doratura.

TORTA AI FRUTTI DI BOSCO

- Difficoltà **Molto facile**
- Preparazione **10 Minuti**
- Tempo di cottura **30 Minuti**
- Porzioni **4**

INGREDIENTI
- 2 uova
- 100 g di zucchero di canna
- 200 g di farina di grano saraceno
- 50 g di fecola di patate
- 100 g di panna di soia
- 120 g di frutti di bosco
- 10 g di lievito in polvere per dolci

PREPARAZIONE
Montate le uova intere con lo zucchero di canna fino ad ottenere un composto spumoso. Unite poco alla volta la farina di grano saraceno e la fecola di patate. Poi aggiungete anche il lievito in polvere.
Dopo aver incorporato le farine potete unire i frutti di bosco con una spatola così da non romperli, lasciandone qualcuno da decorazione in superficie.
Versate il composto, piuttosto denso, in uno stampo per torte da 22 cm adatto al cestello della friggitrice ad aria.

COTTURA TORTA AI FRUTTI DI BOSCO IN FRIGGITRICE AD ARIA
Sistemate lo stampo sul cestello e azionatela a 160° quindi cuocetela per circa 35 minuti.

MUFFIN AL CIOCCOLATO

- Difficoltà **Molto facile**
- Preparazione **10 Minuti**
- Tempo di cottura **15 Minuti**
- Porzioni **6**

INGREDIENTI

- 50 g di zucchero semolato
- 130 ml di latte di cocco o latte di soia
- 60 ml di olio di cocco
- 5 ml di estratto di vaniglia
- 120 g di farina per tutti gli usi
- 14 g di polvere di cacao
- 4 g di lievito in polvere
- 2 g di bicarbonato di sodio
- Un pizzico di sale
- 80 g di gocce di cioccolato
- 25 g di pistacchio
- Spray da cucina antiaderente

PREPARAZIONE

Unire lo zucchero, il latte di cocco, l'olio di cocco e l'estratto di vaniglia in una piccola ciotola, quindi mettere da parte.
Mescolare insieme farina, cacao in polvere, lievito, bicarbonato e sale in una ciotola separata e mettere da parte.
Mescolare gli ingredienti secchi sul bagnato gradualmente, finché non diventano   lisci.
Poi aggiungere le gocce di cioccolato e i pistacchi.

COTTURA MUFFIN AL CIOCCOLATO IN FRIGGITRICE AD ARIA

Accendere la friggitrice ad aria e impostare la temperatura a 150°..
Posizionare con attenzione le tazze dei muffin nella friggitrice preriscaldata. Selezionare Desserts e regolare il tempo a 15 minuti, poi premere Avvia. Rimuovere i muffin quando sono pronti e lasciarli raffreddare per 10 minuti prima di servirli.

MUFFIN AI MIRTILLI

- Difficoltà **Molto facile**
- Preparazione **10 Minuti**
- Tempo di cottura **15 Minuti**
- Porzioni **6**

INGREDIENTI

- 120 g di farina per tutti gli usi
- 60 g di zucchero
- 4 g di lievito in polvere
- 2 g di bicarbonato di sodio Un pizzico di sale
- 100 g di mirtilli
- 1 uovo
- 80 ml di succo d'arancia
- 60 ml di olio vegetale
- 1 arancia
- Spray da cucina antiaderente

PREPARAZIONE

Mescolare insieme la farina, lo zucchero, il lievito, il bicarbonato, il sale e i mirtilli in una grande ciotola. Sbattere l'uovo, il succo d'arancia, l'olio e la scorza d'arancia in una ciotola separata.

COTTURA MUFFIN AI MIRTILLI IN FRIGGITRICE AD ARIA

Accendere la friggitrice ad aria e impostare la temperatura a 150°. Posizionare con attenzione le tazze dei muffin nella friggitrice preriscaldata. Selezionare Desserts, regolare il tempo a 15 minuti.

CROSTATA CON PERE E NOCI

- Difficoltà **Facile**
- Tempo di preparazione **1 Ora**
- Tempo di cottura **45 Minuti**
- Porzioni **4**

INGREDIENTI

- 100 g di farina per tutti gli usi
- 1 g di sale

- 12 g di zucchero semolato
- 80 g di burro
- 30 ml di acqua ghiacciata
- 1 uovo sbattuto
- 12 g di zucchero
- Spray da cucina antiaderente
- 20 g di miele
- 5 ml di acqua
- Noci tostate e tritate, per guarnire

Per il ripieno
- 1 pera grande
- 5 g di amido di mais
- 20 g di zucchero di canna
- 1 g di cannella in polvere
- Un pizzico di sale

PREPARAZIONE

Mescolare 90 g di farina, sale e zucchero semolato in una grande ciotola fino a quando non sono ben combinati.

Aggiungere l'acqua fredda e mescolare fino a quando non si unisce.

Formare l'impasto in un recipiente, coprire con un involucro di plastica e lasciare raffreddare in frigorifero per 1 ora.

Mescolare insieme gli ingredienti di riempimento in una ciotola fno a quando non sono ben combinati.

Stendere la pasta fredda.

Aggiungere i 10 g di farina sulla parte superiore della pasta.

Disporre le fette di pera in cerchi decorativi sovrapposti sopra la parte infarinata della crosta. Versare il succo di pera rimanente sopra le fette e piegare il bordo sopra il ripieno.

Coprire i bordi con l'uovo sbattuto e cospargere lo zucchero su tutta la crostata.

COTTURA CROSTATA CON PERE E NOCI IN FRIGGITRICE AD ARIA

Accendere la friggitrice ad aria e impostare la temperatura a 160°.

Selezionare Pane, regolare il tempo a 45 minuti e premere Avvia.

Mescolare insieme il miele e l'acqua e spennellare la torta a cottura terminata.

Guarnire con noci tritate tostate.

SOUFE' AL CIOCCOLATO

- Difficoltà **Molto facile**
- Preparazione **10 Minuti**
- Tempo di cottura **15 Minuti**
- Porzioni **2**

INGREDIENTI
- Burro
- Zucchero
- 80 g di cioccolato agrodolce tritato
- 30 g di burro non salato
- 2 uova
- 3 ml di estratto di vaniglia
- 20 g di farina per tutti gli usi
- 30 g di zucchero in polvere

PREPARAZIONE

Sciogliere insieme cioccolato e burro nel microonde a intervalli di 30 secondi fino a quando il cioccolato non sarà completamente sciolto.

Sbattere con forza i tuorli e l'estratto di vaniglia nel cioccolato fuso. Mescolare la farina fino a quando non sono presenti grumi e mettere da parte per raffreddare.

Montare gli albumi in una grande ciotola con un mixer elettrico a velocità media fino a quando non diventano morbidi.

Aggiungere lo zucchero un po' alla volta continuando a sbattere a velocità media, poi aumentare ad alta velocità fino a quando i bianchi diventano densi, e mettere da parte.

COTTURA DEL SOUFE' AL CIOCCOLATO IN FRIGGITRICE AD ARIA

Accendere la friggitrice ad aria e impostare la temperatura a 160°.

Versare l'impasto nel recipiente e metterlo nella friggitrice preriscaldata.

Cuocere i soufflés a 165° C per 15 minuti.

Spolverare i soufflé con zucchero a velo e servire.

AMARETTI AL COCCO

- Difficoltà **Molto facile**
- Preparazione **10 Minuti**
- Tempo di cottura **15 Minuti**
- Porzioni **6**

INGREDIENTI

- 100 g di latte
- 1 bianco d'uovo
- 2 ml di estratto di mandorle
- 2 ml di estratto di vaniglia
- Un pizzico di sale
- 180 g di cocco tritato e non zuccherato

PREPARAZIONE

Mescolare insieme latte, l'albume d'uovo, l'estratto di mandorla, l'estratto di vaniglia e il sale in una ciotola.
Aggiungere 160 g di cocco grattugiato e mescolare fino a quando non è ben combinato. La miscela dovrebbe essere in grado di mantenere la sua forma.
Formare palline da circa 40 mm con le mani. Su un piatto separato, aggiungere poi 20 g di cocco grattugiato.
Avvolgere gli amaretti di cocco nella noce di cocco grattugiata fino a coprirli.

COTTURA AMARETTI AL COCCO IN FRIGGITRICE AD ARIA

Accendere la friggitrice ad aria e impostare la temperatura a 150°.
Aggiungere gli amaretti di cocco alla friggitrice preriscaldata. Selezionare Desserts, regolare il tempo a 15 minuti e premere Avvia.
Lasciare raffreddare gli amaretti per 5-10 minuti, poi servire.

TORTA AL LIMONE

- Difficoltà **Molto facile**
- Preparazione **10 Minuti**
- Tempo di cottura **30 Minuti**
- Porzioni **2**

INGREDIENTI

- 120 g di farina per tutti gli usi
- 4 g di lievito in polvere
- Un pizzico di sale
- 80 g di burro non salato, ammorbidito
- 130 g di zucchero semolato
- 1 uovo grande
- 15 g di succo di limone fresco
- 1 limone zestato
- 50 g di latticello

PREPARAZIONE

Mescolare insieme la farina, il lievito e il sale in una ciotola. Poi accantonare.
Aggiungere il burro ammorbidito ad un miscelatore elettrico e sbattere fino a quando diventa leggero e soffice, circa 3 minuti. Mescolare lo zucchero nel burro montato per 1 minuto.
Mescolare il composto di farina nel burro fino a incorporarlo completamente, circa 1 minuto. Aggiungere l'uovo, il succo di limone e la scorza di limone. Mescolare lentamente fino alla completa amalgamazione. Versare lentamente il latte e mescolare a velocità media.

COTTURA TORTA AL LIMONE IN FRIGGITRICE AD ARIA

Accendere la friggitrice ad aria e impostare la temperatura a 160°.
Posizionare la torta nella friggitrice preriscaldata. Selezionare Pane, regolare il tempo a 30 minuti e premere Avvia.

RAVIOLI RICOTTA E LIMONE

- Difficoltà **Molto facile**
- Preparazione **50 Minuti**
- Tempo di cottura **8 Minuti**
- Porzioni **5**

INGREDIENTI

- 300 g di farina 00
- 50 g di zucchero

- 100 ml di latte
- 1 uovo
- 40 g di burro
- q.b. scorza di limone

Per il Ripieno
- 500 g di ricotta vaccina
- q.b. scorza di limone
- 50 g di zucchero

PREPARAZIONE

Mettete la ricotta in una ciotola ed aggiungete lo zucchero e la scorza di limone.

Preparate l'impasto lavorando a mano, su spianatoia o con planetaria: mettete la farina assieme allo zucchero, al centro aggiungete l'uovo e il burro morbido (a temperatura ambiente) a tocchetti. Unite anche la scorza di limone grattugiata. Iniziate ad impastare poi a filo aggiungete il latte. Lavorate l'impasto fino a che tutti i liquidi non si saranno assorbiti. Dovrà risultare morbido.

Rovesciate l'impasto dei ravioli dolci sulla spianatoia e lavoratelo a mano fino a formare un panetto uniforme. Dividetelo in più pezzetti in modo che sarà più facile lavorarlo e stenderlo sia con matterello che, sopratutto, con macchina per la pasta.

Stendete l'impasto formando una sfoglia sottile e spessa 1-2 mm massimo. Con un coppapasta quadrato da 7 cm ricavate dei quadratini, su ciascuno di essi aggiungete un cucchiaino di ripieno, poi chiudetelo a triangolo sigillando bene i bordi con il polpastrello e poi i rebbi di una forchetta.

COTTURA RAVIOLI RICOTTA E LIMONE IN FRIGGITRICE AD ARIA

Spennellateli con olio di semi con un pennello oppure spruzzateli con un nebulizzatore di olio. Cuocete a 200° in friggitrice ad aria già preriscaldata da un paio di minuti, per 6-7 minuti girandoli a metà cottura e continuando a spennellarli con olio di semi.

MIGLIACCIO DI CARNEVALE

- Difficoltà **Facile**
- Preparazione **40 Minuti**
- Tempo di cottura **30 Minuti**
- Porzioni **4**

INGREDIENTI
- 125 g di semolino
- 500 ml di latte intero
- 350 g di ricotta di pecora
- 3 uova
- 200 g di zucchero semolato
- 20 g di burro
- q.b. scorza d'arancia
- q.b. scorza di limone

PREPARAZIONE

Preparate la crema di semolino: in un tegame versate il latte, aggiungete il burro e le scorze di arancia e limone. Portate a bollore e, appena lo raggiunge, eliminate le scorze e versate a pioggia il semolino avendo cura di mescolare con una frusta a mano per evitare che si formino grumi. Il composto risulterà piuttosto denso e compatto.

Coprite con pellicola e fate raffreddare bene. Con le fruste elettriche mescolate la ricotta con lo zucchero fino ad ottenere una crema. Aggiungete le uova intere e continuate a montare. Infine, unite la crema densa di semolino ed incorporatela fino a che non otterrete un impasto fluido.

Versate il composto in uno stampo foderato sul fondo con carta forno, del diametro di circa 20 cm.

COTTURA DEL MIGLIACCIO DI CARNEVALE IN FRIGGITRICE AD ARIA

Adagiate lo stampo sul cestello e cuocetelo a 160° per 30 minuti, dopodiché verificate la cottura con uno stecchino ed eventualmente proseguite con la cottura per ulteriori 10 minuti.

BISCOTTI AI KIWI

- Difficoltà **Molto facile**
- Preparazione **10 Minuti**
- Tempo di cottura **10 Minuti**
- Porzioni **3**

INGREDIENTI

- 200 g di banane
- 80 g di fiocchi di avena
- 30 g di nocciole
- 1 cucchiaino di miele millefiori

Per Guarnire

- 2 kiwi

PREPARAZIONE

In una ciotola schiacciate le banane mature con una forchetta fino a che non risultano morbide, in purea. Aggiungete il cucchiaino di miele, poi i fiocchi di avena e la frutta secca sminuzzata in maniera grossolana. Mescolate amalgamando tutti gli ingredienti. Con un cucchiaio prelevate un po' di impasto e adagiatelo sulla carta forno, poi modellatelo cercando di formare un dischetto, appunto un biscotto.

COTTURA BISCOTTI AI KIWI IN FRIGGITRICE AD ARIA

Accendete la friggitrice ad aria e impostate la temperatura a 160°.
Mettete i biscotti nel cestello della friggitrice e fate cuocere per circa 10 minuti, finché non saranno dorati.

TORTINA DI MELE

- Difficoltà **Molto facile**
- Preparazione **40 Minuti**
- Tempo di cottura **10 Minuti**
- Porzioni **2**

INGREDIENTI

- 1 mela media a cubetti
- 20 g di zucchero semolato
- 20 g di burro non salato
- 2 g di cannella in polvere
- 1 g di noce moscata
- 1 strato di impasto per torta
- 1 uovo sbattuto
- 5 ml di latte

PREPARAZIONE

Unire insieme le mele a cubetti, lo zucchero semolato, il burro, la cannella, la noce moscata in una casseruola o una padella a fuoco medio-basso e portate lentamente a ebollizione.
Cuocere a fuoco lento per 2 minuti, poi togliere dal fuoco.
Lasciare raffreddare le mele a temperatura ambiente, per 30 minuti.
Tagliare l'impasto a torta in cerchi da circa 130mm. Aggiungere il ripieno al centro di ciascun cerchio della crosta della torta e usare il dito per applicare l'acqua alle estremità esterne.
Chiudere la torta e tagliare una piccola fessura sulla parte superiore.

COTTURA TORTINA DI MELE IN FRIGGITRICE AD ARIA

Accendere la friggitrice ad aria e impostare la temperatura a 180°.
Mescolare insieme l'uovo e il latte e spazzolare le parti superiori di ciascuna torta.
Mettere le torte nella friggitrice preriscaldata e cuocere a 180° per 10 minuti, finché non diventano dorate.

PANE DOLCE CON NOCI E BANANA

- Difficoltà **Molto facile**
- Preparazione **10 Minuti**
- Tempo di cottura **40 Minuti**
- Porzioni **4**

INGREDIENTI

- 30 g di burro
- 100 g di zucchero
- 1 uovo sbattuto
- 2 banane mature

- 2 ml di estratto di vaniglia
- 20 g di farina per tutti gli usi
- 3 g di bicarbonato di sodio
- 2 g di sale
- 40 g di noci tritate
- Spray da cucina antiaderente

PREPARAZIONE

Unire il burro e lo zucchero. Mescolare l'uovo, schiacciare le banane e la vaniglia. Setacciare la farina, il bicarbonato e il sale. Mettere gli ingredienti asciutti sul bagnato e mescolare le noci tritate.

Ungere una mini teglia con lo spray da cucina e poi riempirla di pastella.

COTTURA IN FRIGGITRICE AD ARIA

Accendere la friggitrice ad aria e impostare la temperatura a 150°. Inserire nella friggitrice preriscaldata e regolare il tempo a 40 minuti.

FOCACCINE ALLA FRAGOLA

- Difficoltà **Molto facile**
- Preparazione **10 Minuti**
- Tempo di cottura **12 Minuti**
- Porzioni **6**

INGREDIENTI

- 240 g di farina per tutti gli usi
- 50 g di zucchero semolato
- 8 g di lievito in polvere
- 1 g di sale
- 80 g di burro
- 80 g di fragole fresche tritate
- 120 ml di panna
- 2 uova grandi
- 10 ml di estratto di vaniglia
- 5 ml di acqua

PREPARAZIONE

Setacciare la farina, lo zucchero, il lievito e il sale in una grande ciotola.

Tagliare il burro nella farina usando un frullatore fino a quando il composto non assomiglia a briciole grossolane.

Mescolare le fragole nella miscela di farina e mettere da parte.

Sbattere insieme la crema e 1 uovo e l'estratto di vaniglia in una ciotola separata. Sbattere il composto di crema nella miscela di farina finché non si unisce, poi stenderla.

Utilizzare un taglierino per biscotti rotondo per tagliare le focaccine.

Spazzolare le focaccine con le uova e l'acqua e mettere da parte.

COTTURA IN FRIGGITRICE AD ARIA

Accendere la friggitrice ad aria e impostare la temperatura a 180°. Rivestire il cestello interno preriscaldato con carta da forno.

Posizionare le focaccine sopra la carta da forno e cuocere per 12 minuti a 180° fino a doratura.

TORTA AL CAPPUCCINO

- Difficoltà **Molto facile**
- Preparazione **40 Minuti**
- Tempo di cottura **30 Minuti**
- Porzioni **6**

INGREDIENTI

- 230 g di farina 00
- 2 uova
- 140 g di zucchero semolato
- 40 ml di latte
- 30 ml di olio di semi
- 60 ml di caffè
- 100 g di cioccolato fondente
- 1 bustina di Lievito in polvere per dolci

PREPARAZIONE

Montate le uova intere con lo zucchero con le fruste elettriche o in planetaria, per almeno 5 minuti ad alta velocità fino a che non risultano gonfie e spumose.

Unite a filo latte e olio abbassando la velocità delle fruste elettriche. Infine, aggiungete anche il caffè tiepido.

Setacciate la farina con il lievito ed unite il mix al composto di uova, poco alla volta e incorporandolo delicatamente.

Spezzettate il cioccolato fondente con un coltello ed aggiungetelo all'impasto, mescolando con una spatola. Lasciatene un po' per la superficie.

Versate l'impasto in uno stampo da 20 cm rivestito di carta forno e livellatelo bene. In superficie aggiungete il restante cioccolato fondente.

COTTURAIN FRIGGITRICE AD ARIA

Adagiate lo stampo sul cestello della friggitrice ad aria e cuocete per 20 minuti a 160° poi per 10 minuti a 180° fino a verificare la cottura con uno stecchino di legno.

SBRICIOLATA NUTELLA E MASCARPONE

- Preparazione: **25 Minuti**
- Cottura: **25 Minuti**
- Difficoltà: **Molto facile**
- Porzioni: **Stampo da 20 cm**

INGREDIENTI

- Per la Frolla al Cioccolato
- 230 g Farina
- 20 g cacao amaro
- 100 g Burro
- 1 uovo
- 2 cucchiaini Lievito in polvere per dolci
- 100 g zucchero semolato

Per il Ripieno
- 250 g Mascarpone
- 1 tuorlo
- q.b. Nutella

PREPARAZIONE

Preparate la pasta frolla, procedendo a mano o con la planetaria.

Mettete la farina e il cacao sul piano di lavoro o nella ciotola della planetaria.

Aggiungete lo zucchero, il lievito in polvere e l'uovo intero.

Infine, unite il burro freddo a tocchetti. Impastate fino ad ottenere una frolla morbida e omogenea.

Basterà compattarla un po' per poi sbriciolarla, senza fare il panetto.

Dividete l'impasto in due parti uguali e rivestite uno stampo da 20 cm con carta forno (se necessario).

Preparate la crema: mescolate con una spatola il mascarpone con il tuorlo, scegliere se zuccherarlo o meno (io ho preferito di no vista la presenza di nutella).

Sbriciolate metà frolla nello stampo sia sulla base che sui bordi, compattando bene ed evitando buchi.

Quindi, aggiungete la crema al mascarpone sulla base sbriciolata e poi la nutella (se necessario, sciolta a bagnomaria o al microonde).

COTTURA IN FRIGGITRICE AD ARIA

Mettete lo stampo sul cestello della friggitrice ad aria e cuocete a 170 gradi per 15 minuti poi a 190 gradi per altri 10-15 minuti. Potete usare anche la modalità "torte" se disponibile per lo stesso tempo, verificando la cottura dopo 25-30 minuti.

SBRICIOLATA DI NATALE ALLA NUTELLA

- Difficoltà **Molto facile**
- Preparazione **20 Minuti**
- Tempo di cottura **18 Minuti**
- Porzioni **8 Persone**

INGREDIENTI

- Per la Pasta Frolla
- 250 g farina
- 100 g burro

- 100 g zucchero semolato
- ½ bustina lievito in polvere per dolci
- 1 uovo
- 1 cucchiaio cacao amaro (per la Frolla al Cacao)

Per il Ripieno
- 200 g Nutella

PREPARAZIONE

Preparate la pasta frolla lavorandola a mano o con planetaria. Nella ciotola unite la farina.

Poi il burro freddo a pezzetti, l'uovo intero, lo zucchero e il lievito. Potete aromatizzarla con vaniglia o mandorle.

Impastate fino ad ottenere un impasto morbido, anche se non perfettamente compatto in quanto dovrete andarlo a sbriciolare.

Sbriciolate, quindi, metà dell'impasto sul fondo di uno stampo da 20 cm (io ho usato lo stampo forato per crostate adatto al forno o friggitrice ad aria, con fondo estraibile perfetto per la cottura uniforme di crostate e torte salate.

Aggiungete la nutella che avrete sciolto a bagnomaria o al microonde così da renderla cremosa e in cottura non si asciuga.

A questo punto aggiungete sulla nutella gli stampini natalizi e tutt'attorno sbriciolate la frolla.

La restante pasta frolla mescolatela al cacao amaro con qualche goccia di latte o acqua così da incorporarlo perfettamente.

Sbriciolate la frolla al cioccolato all'interno degli stampini così da dargli la forma natalizio. Levate adagio gli stampini e procedete alla cottura.

COTTURA SBRICIOLATA ALLA NUTELLA IN FRIGGITRICE AD ARIA

Mettete lo stampo direttamente sul cestello e cuocetela a 160° o con funzione dolce per 18 minuti verificando la cottura con il vostro modello di friggitrice ad aria.

SBRICIOLATA PERE E CIOCCOLATO

- Difficoltà **Molto facile**
- preparazione **20 Minuti**
- Tempo di cottura **20 Minuti**
- Porzioni **Stampo da 20 cm**

INGREDIENTI (per uno stampo da 20 cm)

- Per la Pasta Frolla
- 250 g farina 0
- 100 g zucchero semolato
- 100 g burro
- 1 uovo
- 1 cucchiaino lievito in polvere per dolci

Per il Ripieno
- 2 pere (qualità Abate)
- 100 g cioccolato fondente
- 1 cucchiaio rhum
- 1 cucchiaio zucchero

PREPARAZIONE

Preparate la pasta frolla: nella ciotola mettete la farina, unite l'uovo intero e lo zucchero semolato. Poi aggiungete il lievito e il burro freddissimo a pezzetti. Se procedete a mano impastate iniziando con la punta delle dita poi velocemente fino a formare un composto morbido e compatto. Se procedete con la planetaria usate il gancio K ed aumentate la velocità man mano fino a che non otterrete la pasta frolla. Formate un panetto e mettetelo da parte dedicandovi al ripieno.

Preparate il ripieno: sbucciate le pere, privatele del torsolo e tagliatele a cubetti di 1 cm circa. Spezzettate il cioccolato con un coltello affilato. Unite le pere e il cioccolato in una ciotola poi aggiungete lo zucchero e il rhum. Mescolate bene.

Sbriciolate metà della pasta frolla sul fondo di uno stampo da 20 cm. Io ho usato questo stampo forato con fondo estraibile che è perfetto per la cottura delle crostate sia in forno ma soprattutto in friggitrice ad aria.

Aggiungete il ripieno e poi sbriciolate l'altra metà di pasta frolla sul ripieno.

COTTURA IN FRIGGITRICE AD ARIA

Adagiate lo stampo sul cestello della friggitrice ad aria e cuocete a 160° per 20 minuti o fino a doratura.

CIAMBELLONE CIOCCOLATO E PERE

- Difficoltà **Molto facile**
- Preparazione **15 Minuti**
- Tempo di cottura **25 Minuti**
- Porzioni **Stampo da 22 cm**

INGREDIENTI

- 3 uova
- 100 g zucchero semolato
- 100 g Philadelphia
- 60 ml latte
- 40 ml olio di semi
- 100 g gocce di cioccolato
- 200 g farina 00
- 20 g cacao amaro
- 100 g cioccolato fondente
- 1 pera
- 16 g Lievito in polvere per dolci

PREPARAZIONE

Montate le uova intere con lo zucchero con le fruste elettriche così da ottenere un impasto chiaro e spumoso.
A filo unite latte e olio, riducendo la velocità delle fruste elettriche. Aggiungete anche il formaggio spalmabile aumentando la velocità.
Unite poi la farina setacciata assieme al lievito e al cacao amaro, poco alla volta.
Sbucciate la pera, eliminate il torsolo e tagliatela a pezzetti.
Tagliate anche il cioccolato a pezzetti.
Unite il cioccolato e le pere all'impasto e mescolate con una spatola.

Versate l'impasto in uno stampo per ciambelle da 22 cm che vada all'interno della friggitrice ad aria. Livellatelo bene.

COTTURA CIAMBELLONE IN FRIGGITRICE AD ARIA

Adagiate lo stampo sul cestello e cuocete a 160° per 25 minuti verificando la cottura con uno stecchino di legno.

CIAMBELLONE PANNA E MANDORLE

- Preparazione: **10 Minuti**
- Cottura: **20 Minuti**
- Difficoltà: **Molto facile**
- Porzioni: **Stampo da 22 cm**

INGREDIENTI

- 2 uova intere
- 100 g zucchero semolato
- 100 ml panna liquida zuccherata
- 160 g Farina
- 40 g farina di mandorle (o farina)
- 50 g mandorle pelate
- 1 bustina Lievito in polvere per dolci

PREPARAZIONE

Montate le uova intere con lo zucchero azionando le fruste elettriche ad alta velocità e per almeno 6 minuti. Dovranno risultare chiare e spumose.
Aggiungete la panna liquida e continuate a montare ad alta velocità. In questo modo vedrete la panna "gonfiare" l'impasto perché nel frattempo viene montata.
Quindi aggiungete la farina di mandorle e la farina a pioggia, incorporandole a bassa velocità sempre con le fruste elettriche.
Infine, unite il lievito in polvere e amalgamatelo all'impasto.
Sminuzzate o tritate le mandorle intere, potete usare anche della granella già pronta oppure tagliarle con un coltello.
Versate l'impasto in uno stampo per ciambelle da 20-22 cm e livellatelo bene.

Cospargete in superficie le mandorle facendo in modo che aderiscano all'impasto.

COTTURA DEL CIAMBELLONE PANNA E MANDORLE IN FRIGGITRICE AD ARIA

Azionate la friggitrice ad aria a 160° o in modalità torta e cuocete per 18 minuti. Verificate sempre la cottura con uno stecchino di legno.

CIAMBELLONE INTEGRALE AL CIOCCOLATO

- Difficoltà **Molto facile**
- Preparazione **10 Minuti**
- Tempo di cottura **25 Minuti**
- Porzioni **Stampo da 20 cm**

INGREDIENTI
- 3 uova
- 80 g zucchero semolato
- 200 g farina integrale
- 20 g cacao amaro
- 40 ml olio di semi
- 40 ml latte
- 80 g cioccolato fondente
- 1 bustina lievito in polvere per dolci

PREPARAZIONE
Montate le uova intere con lo zucchero ad alta velocità e per almeno 7-8 minuti così da ottenere un impasto soffice e spumoso.
Unite a filo il latte e l'olio, continuando a mescolare ma a velocità più bassa.
A parte setacciate la farina integrale con il lievito in polvere e il cacao.
Unite il mix al composto di uova montato in precedenza, sempre incorporandolo con le fruste elettriche.
Spezzettate il cioccolato con un coltello e aggiungetelo all'impasto mescolando con una spatola.

Versate l'impasto in uno stampo per ciambelle da 20 cm di diametro, se necessario imburrato ed infarinato. Livellatelo bene con una spatola.

COTTURA DEL CIAMBELLONE INTEGRALE IN FRIGGITRICE AD ARIA

Adagiate lo stampo sul **cestello della friggitrice ad aria** e cuocete la ciambella a 160° per i primi 18 minuti e poi aumentando a 180° per altri 3-4 minuti.

CIAMBELLONE ALBUMI E LATTE

- Difficoltà **Molto facile**
- Preparazione **20 Minuti**
- Tempo di cottura **35 Minuti**
- Porzioni **Stampo da 20 cm**

INGREDIENTI per stampo per ciambelle da 20-22 cm o per torte da 20 cm.
- 200 g albumi
- 60 g zucchero
- 200 g farina 0
- 120 ml latte
- 1 bustina Lievito in polvere per dolci
- q.b. granella di zucchero

PREPARAZIONE
Versate gli albumi nella ciotola della planetaria o in una classica ciotola nel caso usiate le fruste elettriche.
Unite lo **zucchero** semolato o di canna grezzo, **montate con la frusta** per almeno **10 minuti ad alta velocità** così da ottenere un composto gonfio e spumoso.
Nel frattempo **setacciate la farina con il lievito** in polvere. **Abbassate la velocità** della frusta ed unite il mix al composto di albumi, poco alla volta.
Dovrete aspettare che si assorba man mano prima di aggiungere altro composto di farina.

Non appena avrete incorporato tutta la farina aggiungete a filo il **latte** sempre mescolando con le fruste a bassa velocità. L'impasto è pronto. Versatelo in uno stampo per **ciambella del diametro di 20 o 22 cm,** se necessario imburrato ed infarinato.

Cospargete in superficie la granella di zucchero. Procedete alla cottura

COTTURA CIAMBELLONE DI ALBUMI IN FRIGGITRICE AD ARIA

Adagiate lo stampo sul cestello della friggitrice ad aria e azionatela a **150° oppure in modalità torta** purché non abbia una temperatura troppo alta. Cuocete la ciambella per circa **35 minuti** verificando la cottura con uno stecchino di legno. Gli ultimi minuti potete aumentare per far colorare la superficie.

CROSTATA MARMELLATA E MELE SENZA BURRO

- Preparazione: **15 Minuti**
- Cottura: **20 Minuti**
- Difficoltà: **Molto facile**
- Porzioni: **Stampo da 20-22 cm**

INGREDIENTI
- Per la Pasta Frolla all'Olio
- 300 g Farina 00
- 100 g zucchero semolato
- 2 Uova
- 70 ml Olio di semi (mais o girasole)
- 1 cucchiaino Lievito in polvere per dolci

Per il Ripieno
- 120 g marmellata di ciliegie
- 2 mele rosse

PREPARAZIONE

Preparate la **pasta frolla senza burro** seguendo questa ricetta. Potete usarla anche subito, non necessita di riposo.

Quindi, stendete la frolla sul piano di lavoro leggermente infarinato e preparate una sfoglia di circa mezzo centimetro. Lasciatene una parte per le strisce.

Rovesciatela sullo stampo da crostata di 20-22 cm a seconda della dimensione del cestello della vostra friggitrice ad aria.

Spalmate la marmellata e livellatela bene. Sbucciate le mele, eliminate il torsolo e tagliatele a fettine.

Distribuite le mele a raggi sulla marmellata. Con la restante pasta frolla ritagliate delle strisce con una rotella liscia o dentata.

Sistemate le strisce sulla crostata e procedete alla cottura.

COTTURA CROSTATA IN FRIGGITRICE AD ARIA
Sistemate lo stampo direttamente sul cestello e azionatela a 160° oppure con la funzione torta.

Cuocete per 15 minuti e poi altri 5 minuti a 180° fino a completa doratura, anche sul fondo.

TORTA DI MELE E YOGURT GRECO

- Preparazione:**15 Minuti**
- Cottura:**25 Minuti**
- Difficoltà: **Molto facile**
- Porzioni: **Stampo da 20 cm**

INGREDIENTI
- 3 Uova
- 120 g zucchero semolato
- 150 g yogurt greco
- 80 ml Olio di semi
- 40 ml Latte
- 200 g Farina 00
- 50 g Fecola di patate

- 1 bustina Lievito in polvere per dolci
- q.b. cannella in polvere
- 2 cucchiaini zucchero semolato
- 1 mela rossa

PREPARAZIONE

Montate le uova intere con lo zucchero con le fruste elettriche fino a renderle spumose e gonfie. Aggiungete poi lo yogurt greco e incorporatelo con le fruste a velocità ridotta. Unite il latte e l'olio e mescolate sempre con le fruste.

Infine, aggiungete la farina, la fecola di patate e il lievito in polvere, incorporandoli fino ad ottenere un composto fluido.

Versate l'impasto in uno stampo da 20 cm, se necessario imburrato ed infarinato.

Tagliate la mela a fettine, se preferite potete anche sbucciarla. Disponetele a raggi sull'impasto.

Cospargete la superficie con cannella in polvere mixata con zucchero semolato.

COTTURA TORTA DI MELE IN FRIGGITRICE AD ARIA

Mettete lo stampo sul cestello e azionate la friggitrice ad aria a 160° (o con programma torte a 160°) per 25 minuti.

Non aprite il cestello prima dei 15 minuti e verificate sempre la cottura con uno stecchino di legno. Se la vostra friggitrice ad aria necessita di qualche minuto di preriscaldamento procedete prima di infornarla.

ZEPPOLE DI SAN GIUSEPPE

- Difficoltà **Media**
- Preparazione **15 Minuti**
- Tempo di cottura **15 Minuti**
- Porzioni **8-10 zeppole**

INGREDIENTI

Con queste dosi ottenete circa 8-10 zeppole di 10 cm di diametro.

Il numero di zeppole dipende molto da quanto ampi farete i cerchi e dalla quantità di impasto per ciascuna di esse.

Per la Pasta Choux
- 3 uova
- 70 g burro
- 40 g zucchero semolato
- 160 g farina
- 260 ml acqua
- 1 pizzico sale fino
- q.b. scorza di limone

Per la Crema delle Zeppole
- 400 ml latte
- 2 tuorli d'uovo
- 2 cucchiai zucchero semolato
- 2 cucchiai farina
- q.b. scorza di limone

PREPARAZIONE

Mettete l'impasto in una **sacca da pasticcere** con punta a stella del diametro di 1,5 cm.

Formate le zeppole su **carta forno**, tenendola fissa su una leccarda unta d'olio oppure con i 4 lembi fermi. Prima di cuocerle, ritagliate la carta forno esattamente della dimensione della **zeppola**.

Nel frattempo preparate la **crema pasticcera** che sarà più densa rispetto a quella classica. Seguite questa **ricetta** avendo cura di usare la quantità di latte indicata negli **ingredienti**: dovrà essere più densa così da restare **soda e compatta** sulla zeppola.

COTTURA ZEPPOLE DI SAN GIUSEPPE IN FRIGGITRICE AD ARIA "FRITTE"

Preriscaldate la friggitrice ad aria a 180° per un paio di minuti. Adagiate le zeppole con la carta forno, non troppo vicine (ne consiglio massimo 4 alla volta) e fate cuocere per circa 15 minuti.

STRUFFOLI

- Difficoltà **Molto facile**
- Preparazione **30 Minuti**
- Tempo di cottura **25 Minuti**
- Porzioni **Per 600 g di struffoli**

INGREDIENTI

- 300 g farina 0
- 3uova
- 30 g zucchero semolato
- 60 ml liquore alla strega
- 1 bustina vanillina
- 1 pizzico sale fino
- 1 pizzico lievito in polvere per doli
- q.b. olio di semi

Per la copertura

- 200 g miele millefiori
- 30 g burro
- q.b. Confettini colorati
- q.b. canditi

PREPARAZIONE

Preparate l'impasto: nella ciotola della planetaria, o sul piano di lavoro, mettete la farina. Unite le uova (partite da una), lo zucchero, il liquore e l'olio.

Iniziate ad impastare, poi unite la vanillina, il pizzico di sale e il lievito in polvere. Poi unite anche le altre uova.

Dovrete ottenere un panetto morbido e non appiccicoso.

Tagliate il panetto in tanti pezzetti che andrete a stenderli e rotolarli formando dei cordoncini dello stesso spessore, massimo 1 cm.

Tagliate i cordoncini con un tocco o un coltello, cercando di ottenere pezzetti di uguale dimensioni. Arrotolateli nei palmi delle mani uno ad uno.

COTTURA STRUFFOLI IN FRIGGITRICE AD ARIA

Con queste dosi farete 3 o 4 cotture, il consiglio principale è quello di non riempire completamente il cestello per i seguenti motivi:

– in cottura gonfieranno per cui rischiate che si attacchino l'uno all'altro

– l'aria dovrà circolare perfettamente per una cottura uniforme.

– avrete modo di mescolarli senza doverli schiacciare in cottura

Mettete, quindi, olio di semi in un nebulizzatore così da spruzzarlo in modo uniforme. Spruzzatene qualche puff direttamente sul cestello solo alla prima cottura.

Adagiate gli struffoli sul cestello e spruzzateli con qualche puff di olio. Cuoceteli a 200° per 6 minuti, aprendo il cestello un paio di volte, spruzzando ancora qualche puff e mescolandoli o agitando il cestello.

Quando avranno raggiunto la giusta doratura possono essere tolti dal cestello e potete procedere ad una seconda cottura.

FRITTELLE DI MELE

- Difficoltà **Molto facile**
- Preparazione **10 Minuti**
- Tempo di cottura **15 Minuti**
- Porzioni **4**

INGREDIENTI

- 1 tazza e mezza di farina di grano saraceno
- 2 cucchiai di zucchero di cocco
- 2 cucchiaini di lievito in polvere
- ¼ di cucchiaino di estratto di vaniglia
- 2 cucchiaini di cannella in polvere
- 1 tazza di latte di mandorla
- 1 cucchiaio di semi di lino
- 1 tazza di mele sbucciate
- 1 cucchiaino di olio vegetale

PREPARAZIONE

In una ciotola, mescolare la farina con lo zucchero, il lievito, l'estratto di vaniglia e la cannella.

Aggiungere il mix di semi di lino, il latte e la mela e mescolare bene fino ad ottenere la pastella per frittelle.

COTTURA FRITTELLE DI MELE IN FRIGGITRICE AD ARIA

Ungere la friggitrice ad aria con l'olio, spalmare ¼ della pastella, coprire e cuocere a 180 gradi per 5 minuti.

TORTA BISCOTTONE AL CIOCCOLATO

- Difficoltà **Molto facile**
- Preparazione **10 Minuti**
- Tempo di cottura **20 Minuti**
- Porzioni **Stampo da 18 cm**

INGREDIENTI

- 250 g farina 00
- 110 g burro
- 30 g Cacao amaro in polvere
- 100 g zucchero semolato
- 40 g mandorle sgusciate
- 60 g cioccolato fondente
- 1 cucchiaino lievito in polvere per dolci
- 1 Uovo

PREPARAZIONE

Preparate la pasta frolla al cioccolato procedendo a mano o con la planetaria.

Nella ciotola unite la farina, al centro il burro freddo a pezzetti, lo zucchero, il cacao amaro e l'uovo. Infine, aggiungete il lievito ed impastate ad alta velocità fino a rendere l'impasto frolloso, compatto e sodo. A questo punto unite le mandorle intere sgusciate e il cioccolato che avrete sminuzzato con un coltello.

In alternativa usate le gocce di cioccolato fondente. Impastate a mano per distribuirle alla frolla. Formate un panetto, anche non omogeneo. Rivestite uno stampo da 18 cm con carta forno.

Distribuite la frolla nello stampo, non deve essere perfettamente liscia e livellata.

Se preferite, aggiungete in superficie altre mandorle e pezzetti di cioccolato.

COTTURA IN FRIGGITRICE AD ARIA

Mettete lo stampo direttamente sul cestello della friggitrice ad aria e cuocete a 160° per 18-20 minuti, verificando con uno stecchino che sia internamente cotto.

BISCOTTI DI AVENA E NOCCIOLE

- Difficoltà **Molto facile**
- Preparazione **10 Minuti**
- Tempo di cottura **15 Minuti**
- Porzioni **10 Biscotti**

INGREDIENTI

- 200 g banane mature (circa 2 banane già pulite)
- 80 g fiocchi di avena
- 30 g nocciole intere
- 1 cucchiaino miele millefiori

PREPARAZIONE

Sbucciate le banane e pesate circa 200 grammi di frutta. In una ciotola schiacciate le banane mature con una forchetta fino a che non risultano morbide, in purea. Unite il miele millefiori e mescolatelo alle banane.

Poi aggiungete i fiocchi di avena e le nocciole sia intere che sminuzzate in maniera grossolana. Mescolate amalgamando tutti gli ingredienti. Se notate che l'impasto ha una consistenza troppo morbida unite altri fiocchi di avena: la consistenza dipenderà dalla maturazione delle banane.

Sistemate un foglio di carta forno su una leccarda del forno se procedete con la cottura in forno altrimenti ritagliatela poco più piccola delle dimensioni del cestello della friggitrice ad aria. Con un cucchiaio prelevate un po' di impasto e adagiatelo sulla carta forno, poi modellatelo cercando di formare un dischetto, dandogli la forma appunto un biscotto

COTTURA IN FRIGGITRICE AD ARIA

Adagiate il foglio di carta forno con i biscotti sul cestello e cuoceteli a 200° per 10 minuti, girandoli a metà cottura. Dopo i primi minuti potrete anche togliere la carta forno. Fate attenzione che non voli in cottura.

TORTA CIOCCOLATO E NOCCIOLE

- Preparazione: **10 Minuti**
- Cottura: **25 Minuti**
- Difficoltà: **Molto facile**
- Porzioni: **Stampo da 22 cm**

INGREDIENTI

- 3 Uova
- 100 g zucchero semolato
- 220 g Farina
- 30 g cacao amaro
- 50 ml latte senza lattosio
- 40 ml Olio di semi
- 1 bustina Lievito per dolci
- 80 g nocciole intere

PREPARAZIONE

Montate le uova con lo zucchero con le fruste elettriche per qualche minuto fino a renderle spumose. Unite il latte e l'olio a filo, mescolando con le fruste elettriche a bassa velocità. Incorporate poi la farina e il cacao amaro setacciandoli. Quando il composto sarà fluido aggiungete anche il lievito in polvere. L'impasto è pronto. Versate l'impasto in uno stampo da torta del diametro di 22 cm che entri nel cestello della friggitrice ad aria. Aggiungete in superficie le nocciole intere tostate, appena spezzettate.

COTTURA IN FRIGGITRICE AD ARIA

Cuocete in friggitrice ad aria a 160° per 15 minuti e poi a 180° per altri 10 minuti. Fate sempre la verifica con lo stecchino dopo almeno 20 minuti. Se vi sembra ancora poco cotta prolungate di qualche minuto.

BISCOTTI AL CIOCCOLATO

- Difficoltà **Molto facile**
- Preparazione **15 Minuti**
- Tempo di cottura **15 Minuti**
- Porzioni **20 Biscotti**

INGREDIENTI

- 300 g farina 00
- 2 uova
- 100 g zucchero semolato
- 70 ml olio di semi
- 1 cucchiaino Lievito per dolci
- 100 g gocce di cioccolato

PREPARAZIONE

Preparate la pasta frolla senza burro che trovate in questa ricetta. Quando avrete formato un impasto sodo, unite le gocce di cioccolato e formate un panetto.
Infarinate leggermente il piano di lavoro e staccate dei pezzetti di pasta frolla, cercando di dar loro lo stesso peso. In questo modo avrete biscotti tutti uguali.
Stendete l'impasto con i palmi delle mani formando un cordoncino di circa 1 cm di diametro. Dividetelo in 2 e arrotolatelo.

COTTURA IN FRIGGITRICE AD ARIA

Mettete sul cestello un foglio di carta forno: servirà per evitare che i biscotti si attacchino ma dopo un paio di minuti potrete toglierlo. Quindi, adagiate i biscotti sulla carta forno e cuocete a 160° per 6-7 minuti girandoli a metà cottura.

Made in United States
Troutdale, OR
05/09/2023

10038184R10061